Monika Lehmann-Etzelmüller
Freut euch, der Herr ist nahe!

Monika Lehmann-Etzelmüller

Freut euch, der Herr ist nahe!

Andachten und Gottesdienste für die Advents- und Weihnachtszeit

MIX
Papier aus verantwortungsvollen Quellen
FSC® C014138

Dieses Buch wurde auf FSC®-zertifiziertem Papier gedruckt.
FSC (Forest Stewardship Council®) ist eine nichtstaatliche,
gemeinnützige Organisation, die sich für eine ökologische und
sozialverantwortliche Nutzung der Wälder unserer Erde einsetzt.

Bibliografische Information der Deutschen Nationalbibliothek

Die Deutsche Nationalbibliothek verzeichnet diese Publikation in der Deutschen Nationalbibliografie; detaillierte bibliografische Daten sind im Internet über http://dnb.d-nb.de abrufbar.

Umschlaggestaltung: Andreas Sonnhüter, www.sonnhueter.com,
unter Verwendung eines Bildes von © Frank Fischbach (shutterstock.com)
Lektorat: Ingrid Boller, Langgöns
DTP: Breklumer Print-Service, www.breklumer-print-service.com
Verwendete Schrift: Optima Lt Std
Gesamtherstellung: FINIDR, Lipová
Printed in Czech Republic
ISBN 978-3-7615-6216-1 Print
ISBN 978-3-7615-6217-8 E-Book

www.neukirchener-verlage.de

Inhalt

Zum Geleit

Die Advents- und Weihnachtszeit erlebe ich jedes Jahr neu als eine ganz eigene Zeit, wie ein Hineingehen in einen besonderen Raum. Besondere Düfte, Lieder und Erinnerungen, der Geschmack von Zimt und Lebkuchen gehören dazu. Türen gehen auf und das Lachen von Engeln klingt im Wind.

Das vorliegende Buch legt eine Spur durch diese besondere Zeit. Es bietet Gottesdienstentwürfe für die Advents- und Weihnachtszeit, die der Vorfreude, aber auch der Schwere Raum geben. Auf vielfältigen Wegen wird die Botschaft weiter getragen, dass Gott kommt und Menschen nah sein will. Da wird von Menschen erzählt, denen Weihnachten sich erst erschließen muss; eine Weihnachtsmaus rettet das Weihnachtsfest, im Krippenspiel entdecken Engel, dass der Himmel bunt ist, Wollfäden spinnen die Bedeutung von Weihnachten in den Alltag weiter und ein Engelsorchester hilft auf dem Weg ins neue Jahr. Ein Gottesdienst in leichter Sprache zeigt beispielhaft, dass die Gewissheiten, die durch das Leben tragen, mit federleichten Schritten daher kommen können. Die Sprache der Gebete ist lebensnah und dennoch schön.

Die Gottesdienste in diesem Buch wurden in den Kirchengemeinden in Hemsbach und Laudenbach an der badischen Bergstraße gefeiert und erprobt und sind den Menschen dort gewidmet.

Pfarrerin Monika Lehmann-Etzelmüller

Teil 1: Advent

I. Andachten

1. Der widerspenstige Gott – Andacht im Chor der Kirchengemeinde

- Lied: Macht hoch die Tür (EG 1, 1-4)

- Ansprache

Wissen Sie eigentlich, was unser Adventsgesang und goldener Nagellack gemeinsam haben?

Das war so: Vor einigen Tagen traf ich sie vor den Toren der Schule. Ich hatte eben meine winterlich vermummte Tochter verabschiedet, da kam sie: eine Frau, offenbar eine Muslima, ein Kopftuch, ein weites schwarzes Gewand, so brauste sie im Auto heran. Direkt vor mir stieß sie die Autotür auf und das erste, was ich sah, waren ihre Füße, die aus dem Auto krabbelten. Sie trug Flip Flops an den nackten Füssen, die Zehen waren goldfarben lackiert. Das sah hinreißend aus, bildete aber auch einen seltsamen Kontrast zu dem in Eisschockstarre erfrorenem Boden. Ich sah an mir herunter: Meine Füße steckten in dicken Winterstiefeln, oben schauten die extrawarmen Wollsocken heraus. Sie sah meinen verdutzten Blick, sah erst an mir, dann an sich herunter und lachte. Es ist schon wieder so kalt, da muss man einfach widerspenstig bleiben, sagte sie. Wir lachten uns an, dann lud sie ihre Tochter ab, stieg wieder ins Auto und brauste davon. In Gedanken malte ich mir aus, wie sie jetzt nach Hause kommt und widerspenstig dem kalten Winter trotzt, vielleicht mit ihren fröhlich goldfarben lackierten Füssen durch eine wohlig geheizte Wohnung tanzt, in der viele Blumen blühen, und dass sich ihr verbeulter Fiat draußen in der Garage in ein Kamel verwandelt, das vom Wüstensand träumt.

Im Winter auf die Kälte zu pfeifen, den kleinen Tiegel mit dem goldfarbenen Lack aus dem Spiegelschrank nehmen und einfach mal die Flip Flops anziehen, das ist widerspenstig. Ist der Advent nicht überhaupt eine Zeit, die zum Widerspenstig sein reizt? Blumen blühen im

Schnee. Statt die vollen Einkaufszentren noch weiter zu verstopfen, kann ich eine Adventsgeschichte lesen, einen Stern basteln oder Zimtsterne backen oder: in den Chor gehen und singen! Ich kann mich der Hektik verschließen, die alle verbreiten und einfach nichts tun. Widerspenstig sein, das tut mal richtig gut.

Im Advent ist Gott widerspenstig. Alle Erwartungen bürstet er gegen den Strich. Er kommt zu uns, aber nicht als ferne Majestät, die in Palästen wohnt, sondern als ein Kind, das im Leib der Mutter dem Leben entgegen getragen wird. Er schickt keine Herolde aus, die die Nachricht vom Umsturz bringen, er schickt einen Stern, der über den Himmel wandert. Er schickt Engel, deren Stimmen im Wind wispern und die nur die hören, die draußen allein im Dunkeln sind, wo es ganz still ist. Advent ist die Widerstandszeit Gottes.

Und was haben nun der Tiegel mit Goldlack und das Singen von Adventsliedern und Musizieren im Advent gemeinsam? Das ist doch klar: Die Adventsmusik ist der goldene Nagellack der Kirchenmusik. Wer singt, ist widerspenstig. Das gemeinsame Singen ist der Feind jeder Vereinzelung. Singen ist sich Stemmen gegen die Sprachlosigkeit, gegen die Kälte und gegen eine Vorbereitung auf Weihnachten, die sich nur noch im Äußerlichen verliert. Wir singen Gott herbei, weil wir ihn so nötig brauchen, für uns und für diese Welt, in der es oft so kalt ist. Wer Adventslieder singt, der will nicht, dass die Welt so bleibt wie sie ist, diese Erde, auf der noch immer einzelne Menschen und ganze Völker durch Finsternis gehen. Wir loben Gott, aber die Töne bleiben oft verhalten und leise, es ist nicht immer Jubel, das Lob im Advent ist ein Trotzdem-Loben. Es ist nicht alles gut, aber trotzdem lobe ich dich, Gott, mit meinem Lied. Singen ist widerspenstig sein. Weil die Lieder manchmal etwas herbei singen, was noch gar nicht da ist, aber im festen Vertrauen, dass es kommt. Ja, der widerspenstige Gott kommt.

- Lied: Macht hoch die Tür (EG 1, 5)

- Gebet

Ja, die Tür will ich öffnen für dich,
die Tür meines Herzens, die oft so verschlossen ist.
Die Tür meiner Wohnung für andere.
Die Tore sollen weit aufschwingen,
Jesus,
für dich.

- Segen

- Musik zum Ausgang

2. Christus geht auch durch die Gefängnisse

- Lied: Die Nacht ist vorgedrungen (EG 16)

- Ansprache

Christus geht auch durch die Gefängnisse. Dietrich Bonhoeffer hat das aus dem Gefängnis an seine Verlobte geschrieben[1]. Sie machte sich Sorgen, wie er diese Tage überstehen würde. Unerträglich muss man sich diese Zeit im Nazigefängnis doch ohnehin schon vorstellen für den Pfarrer, der sich in seiner Tätigkeit für den Widerstand gegen die Diktatur verdächtig gemacht hatte und nun gefangen gehalten wurde. Und nun auch noch Weihnachten, ein Weihnachtsfest, von dem die Verlobten gehofft hatten, es vielleicht doch noch gemeinsam feiern zu können, in Freiheit.

Das wird wohl ein stilles und sehr ernstes Weihnachten werden, aber Christus geht auch durch die Gefängnisse, antwortet Dietrich Bonhoeffer seiner Verlobten. Er ist nicht nur da, wo Menschen unbesorgt und fröhlich Weihnachten feiern können, gewärmt von der Liebe ihrer Familie, geborgen und heiter im Licht besonderer Tage. Da ist er auch, ganz bestimmt, Gott ist da in der Tiefe unseres Glückes, und wer solches Glück erlebt, soll dem Stern seiner Freude folgen und zur Krippe gehen. Aber Christus geht auch durch die Gefängnisse. Er geht auch an die Orte, wo es ganz dunkel ist, wo das Licht nicht hinreicht. Die Krippe stand nicht in einem Königspalast, wo Reichtum und Macht glänzten oder auf dem Marktplatz, wo die Menschen miteinander fröhlich waren. Das Kind wird in einem Stall geboren, draußen am Rand der Gesellschaft, bei denen, die bangen müssen um ihr Brot, das Dach, das sie schützt, die Liebe, die sie trägt, die Zukunft, die ihnen schwindet. Er wurde geboren bei denen, die ganz viel Sehnsucht haben nach einer Wende in ihrem Leben, die schon nicht mehr an den neuen Anfang glauben und die Hunger haben, Hunger nach Brot und nach Leben. Zu ihnen gehen die Engel mit einer Botschaft, die sich der Angst entgegenstemmt: Siehe, ich

---

1 Der Brief Dietrich Bonhoeffers vom 13.12.1943 ist nachzulesen in: Dietrich Bonhoeffer/Maria von Wedemeyer: Brautbriefe Zelle 92, hrsg. v. Ruth Alice von Bismarck/Ulrich Kabitz, München 1997, S. 95.

verkünde euch eine große Freude; euch ist der Retter geboren, – und zwar gerade euch, höre ich mit.

Christus geht auch durch die Gefängnisse. Er geht auch durch die Häuser, wo Menschen alle Kräfte sammeln müssen für das erste Weihnachtsfest ohne den geliebten Menschen, der alle Freude mit sich genommen hat. Christus geht auch durch die Wohnungen, wo Paare sich anschweigen und Kinder sich ängstlich ducken. Christus geht auch durch die Krankenhäuser, wo Menschen mit ihrer Krankheit, ihren Schmerzen, ihrer Angst ringen. Christus geht auch an die ganz stillen Orte, wo Menschen alleine mit sich sind, die Seele voll Sehnsucht nach vergangener Zeit.

Christus geht auch durch die Gefängnisse. Er kommt auch zu mir. Er kommt auch in meine Sorgen, in meine Ängste, in meine Not. Vielleicht ist das dann ein ganz stiller Advent, den ich da erlebe. Nicht die lärmende Fröhlichkeit der Weihnachtsmärkte und nicht die Eile großer Vorbereitungen. Ein ganz stiller Advent, in dessen Tiefe etwas zu glühen beginnt: ein Funke, der Licht und Wärme gibt. Nicht mehr. Aber doch wenigstens das. Mein Advent. Christus geht auch durch die Gefängnisse. Christus geht auch durch mein Haus. Er kommt auch zu mir.

• Gebet

Mein Herz ist ein Kind,
wenn deine Schritte sich entfernen
und ich mich bang frage, wann du wieder kommst.

Mein Herz ist ein Kind, Gott,
wenn die Angst kommt,
sie lauert wie früher
die Monster unter dem Bett.

Mein Herz ist ein Kind, Gott,
wenn ich mich nach einem Wort sehne,
der den Panzer meiner Erstarrung sprengt.

Mein Herz ist ein Kind, Gott,
wenn mir der Glaube zerbricht,
dass es gut werden kann.

Mein Herz ist ein Kind.
Bergen will ich mich
nahe an deinem Herzen,
Mutter Gott.

- Lied: Von guten Mächten (EG 65, 1. 5. 7)

- Segen

- Musik zum Ausgang

3. Der Gorilla an der Krippe – Andacht im späten Advent

- Lied: Es kommt ein Schiff geladen (EG 8)

- Ansprache

Im Allgemeinen heißt es, die Advents- und Weihnachtszeit sei eine Zeit des Friedens. Das klappt bei Ihnen? Wie schön. Bei meinen Kindern und mir nicht. Es fängt schon mit den Diskussionen an, ab welcher Menge der Verzehr von Dominosteinen lebensbedrohlich wird. Auch bei Weihnachtsliedern sind wir uns nicht einig. Schon mehrmals habe ich versucht, meine Tochter davon zu überzeugen, dass das Lied „Maria und Josef verliefen sich im Wald" nicht wirklich zum Stammrepertoire der klassischen Weihnachtslieder gehört. Doch das juckt sie nicht im mindesten.

Unser Dauerbrenner ist aber die Weihnachtskrippe. Diese Krippe hat mein Mann in unsere Ehe gebracht, völlig nichtsahnend von den daraus entstehenden Komplikationen. Die Krippe stammt aus seiner niedersächsischen Heimat und sieht eigentlich nicht nach Bethlehem aus, sondern, nun ja, nach Brunsbüttel-Schmedeswurth. Sie ist von dichtem Wald umgeben und des Öfteren schauen dessen Bewohner, Reh, Hirsch, Hase und Eichhörnchen, im Stall vorbei. Wir haben uns angewöhnt, dass die Krippe am ersten Advent feierlich hervorgekramt wird und nach und nach treffen die Bewohner ein, als Erstes der Ochse als mutmaßlicher Dauerbewohner. So dachte ich mir das. Doch immer öfter kam es vor, dass, sobald ich der Krippe den Rücken zukehrte, seltsame Gestalten sich dort niederließen. Der Elefant ging ja irgendwie noch, aber der Pinguin, der Gorilla, das Stinktier und das Walross, das es sich in der noch leeren Krippe gemütlich machte, das fand ich doch eher unpassend. Doch so oft ich auch einen Platzverweis erteilte und das Getier in die Wildnis zurückschickte, sie tauchten sofort wieder auf, wenn ich der Krippe den Rücken kehrte. Bald herrschte im Stall eine Artenvielfalt und bedrängende Enge wie auf der Arche Noah. Es tauchten noch andere Dinge auf, die meiner Ansicht nach nichts im Stall von Bethlehem zu suchen hatten. Das Dach des Stalles wurde mit Schnullern dekoriert; das

Innere mit Windeln ausgelegt und Milchflaschen wuchsen neben den Bäumen empor, um die die endlich eingetroffenen Heiligen Drei Könige sich ängstlich herummogeln mussten. Die Schafe bekamen ein Gatter aus Legosteinen. Nur der Stern schwebte unbedrängt über der seltsamen Szenerie – an ihn kam meine Tochter nicht ran. Wieder mal mache ich mich seufzend und erklärend an die Arbeit. Zwei Kulleraugen gucken mich vorwurfsvoll an und meine Tochter sagt: „Mama, du hast selbst im Kindergottesdienst gesagt, an die Krippe dürfen alle kommen. Also auch Pinguine, Gorillas und Stinktiere." Ich stottere noch ein mattes „Von einem Gorilla war aber nie die Rede" heraus, aber ich weiß: Ich habe verloren. Und das ist ja wirklich mein Lieblingsweihnachtsgedanke: An die Krippe darf jeder kommen, gerade so wie er ist, voller Freude und Jubel, voller Sorgen und Kummer, mit der Angst und mit der Krankheit, mit den Zweifeln und mit der Not. Zum Jesuskind darf man kommen, wie man ist. Unsere Gäste schauen jetzt manchmal etwas indigniert auf unsere seltsame Weihnachtskrippe, aber na ja, was soll man schon sagen, wenn sie in einem Pfarrhaus steht, wird es schon seine Richtigkeit haben. Hat es auch. Endlich ist Frieden.[2]

• Gebet

Ich komme zu deiner Krippe,
schon bin ich auf dem Weg.
Ich komme zu dir und meine Hände sind leer.
Müde ist mein Herz geworden,
zu müde, um staunen zu können.
Ich geb´ dir mein Herz, füll es mit Frieden.
Ich gebe dir meine Unruhe, gib du mir Ruhe.
Ich bringe dir meine Angst, lass neuen Mut wachsen
im Blick deiner Augen, die mich sehen.
Ich bringe dir das Dunkel, denn dein Stern leuchtet über dem Weg.
Ich bringe dir die Erinnerungen, die weh tun,
zu deiner Krippe trage ich sie.
Was schmerzt halte ich in das Leuchten des Mondglanzes.
Meine Hände sind leer, Kind,
aber du füllst sie mir mit Gutem.

---

2 Diese Andacht wurde bereits veröffentlicht in: Der andere Advent 2012/13.

- Lied: Ich steh an deiner Krippen hier (EG 37, 1. 6-7)

Während des Liedes bekommt jede und jeder einen Strohhalm mit, der an einem Ende in Goldfarbe getaucht wurde.

- Segen

- Musik zum Ausgang

II. Gottesdienste

1. Mache dich auf und werde Licht (Jes. 60, 1) – Gottesdienst zum 1. Advent

- Musik zum Eingang

- Gesprochener Ruf: Freut euch ihr Christen. Freuet euch sehr. Schon ist nahe der Herr!

- Eingangslied: Wir sagen euch an den lieben Advent (EG 17)

Dazu wird die erste Kerze am Adventskranz angezündet. Ein Vorsänger oder eine Vorsängerin singt die Strophen ohne Orgelbegleitung; die Gemeinde antwortet, begleitet von der Orgel, mit dem Kehrvers „Freut euch, ihr Christen".

- Votum

- Liturgischer Gruß

- Psalmgebet: Psalm 24 (EG Baden 711.2)

- Gloria: Macht hoch die Tür (EG 1,1)

- Eingangsgebet

Jesus, wir machen uns auf den Weg zu dir
und du kommst uns entgegen.
Wir folgen dem Stern unserer Sehnsucht,
am Himmel flammt er auf,
wir folgen dem Flüstern der Engel, die uns rufen:
Kommt und seht,
eine junge Frau ist hoch schwanger,
ein Kind wird geboren.
Wir folgen der Stille, die im Dunkeln leuchtet,
Wir folgen deinem Blick, der uns liebevoll anschaut.

Wir suchen nach dir.
Komm uns entgegen auf dem Weg.

- Adventskyrie (EG 178.6), *im Wechsel gesungen*

- Gnadenzusage

Siehe, dein König kommt zu dir, ein Gerechter und ein Helfer (Sach. 9,9).

- Gloria

- Loblied: Macht hoch die Tür (EG 1,5)

- Tagesgebet

Gott, es ist Winter geworden.
Die Kälte nistet zwischen den Steinen
und du kämmst die letzten Blätter aus den Ästen.
Die Nacht braucht immer länger,
um das Dunkel wegzuschicken,
damit das Licht kommt
auf grauen Stiefeln.
Auch mein Licht wird kleiner,
es flackert im Wind.
Darum komm, Jesus,
mit dem sanften Licht der Sterne,
mit dem zärtlichen Flüstern von Engelsflügeln,
komm mit Worten gegen die Angst.

- Lesung: Matthäus 21, 1-9

- Lobspruch: Gelobt sei, der da kommt im Namen des Herrn (Vers 9).

- Glaubensbekenntnis

- Hauptlied: Die Nacht ist vorgedrungen (EG 16)

• Predigt zu Jes. 60, 1

Heute am ersten Advent beginnt ein Weg. Der Weg zum Stall nach Bethlehem. Mache dich auf – das verstehe ich so: Mache dich auf den Weg. Advent verfliegt immer so schnell, so höre ich es oft. Die Zeit rast. Schwupp, steht Weihnachten vor der Tür. Da ist es gut, einen Anfangspunkt zu setzen, so wie Sie es heute tun, wenn Sie in den Gottesdienst kommen. Ich mache einen Anfang. Jetzt gehe ich los.

Der Advent ist ein Weg. Ich nehme mir vor, diesen Weg bewusst zu gehen und zu gestalten, statt mich treiben und hetzen zu lassen. Vorsätze gehören nicht nur zu Neujahr. Die Psychologen sagen, das Wichtigste an Vorsätzen ist, dass sie realistisch bleiben. Also nicht: Jetzt wird alles anders. Eher: An diesen konkreten Situationen will ich etwas ändern. Dazu braucht es gar nicht viel. Ich verabrede mich konkret, um mit meiner besten Freundin über den Weihnachtsmarkt zu schlendern, und sage nicht: irgendwann. Ganz bewusst plane ich Zeit ein, um Adventliches zu tun: lesen bei Plätzchen und Kerzenschein, ein Konzert besuchen, selbst und nur für mich allein mein liebstes Adventslied singen, die alten Geschichten lesen, jemanden mit einem Geschenk überraschen, der bestimmt nicht damit rechnet, einem Menschen, den ich aus den Augen verloren habe, einen Brief schreiben.

Mache dich auf den Weg. Kleine Schritte reichen.

Kürzlich sagte ein Jugendlicher zu mir: Ich verstehe diese Worte ganz anders als du. Nicht: Mache dich auf wie: Mache dich auf den Weg, sondern: Mache dich auf. Mach dein Herz auf. So habe ich das nie gesehen. Aber das ist Advent. Da kommt doch einer. Nicht nur zu den Menschen in Jerusalem. Er kommt zu dir. Du musst nicht erst dein Leben aufpolieren. Du musst kein anderer werden. Er kommt zu dir, wie du bist: in die Sorgen, in die Zweifel, in die Ängste. Du musst nichts tun, nur aufmachen. Wenn du ihn einlädst: Komm, o mein Heiland Jesu Christ, komm auch zu mir – dann wird er kommen.
Mache dich auf.
Mach dein Herz auf.
Mach dein Leben auf für andere.

Singen wir die Worte doch einmal in diesem Sinn: Mache dich auf und werde Licht *(EG Baden 545 wird einmal gesungen)*.

Mache dich auf und werde Licht.
Wenn ich in diesen Tagen unterwegs bin, dann freue ich mich an den Lichtern. Vor einer Woche waren die Fenster noch dunkel, die Bäume ungeschmückt, aber jetzt strahlt alles im Glanz vieler Lichter. Das ist schön, warm und tröstlich. Jedes Licht in einem Fenster sagt: Es soll licht und hell werden. Für mich und für dich, die du draußen vorbei gehst. Werde Licht, das holt das Licht von außen nach innen in die Menschen hinein. Auch du sollst ein Licht sein, ein Licht werden.

Advent ist Zeit, in der das Herz verwundbarer wird, durchlässiger die Herzwände. Es ist Zeit, in der wir spüren, dass wir dieses Licht brauchen, es für unseren Weg und unser Leben erbitten, für unsere Herzen, die oft so verdunkelt sind, so verwundet und so verzagt. Im Advent nehmen wir bewusster als sonst im Jahr wahr, was wir brauchen und was andere brauchen.

Advent ist Zeit zum Üben, üben, wie man Licht wird. Viele Menschen üben, in dem sie genauer hinsehen, was sie selbst brauchen. Von Kollegen und mir selbst weiß ich: Im Advent gibt es viele Bitten um Seelsorgegespräche. Die Bereitschaft, sich Verwundungen und auch den eigenen Wünschen an das Leben zu stellen, ist größer. Viele Menschen sagen dann nicht nur: Ich will nicht mehr den Streit, die Gleichgültigkeit, die ständige Überforderung. Sie fragen auch: Was will ich dann? Im Advent wird es heller, wenn das gelingt, wahrzunehmen, was uns fehlt und neue Wege einzuschlagen, denn beides gehört ja zusammen: Mache dich auf und werde Licht.

Im Advent nehmen wir bewusster wahr, was wir selbst brauchen, aber auch was andere Menschen brauchen. Es ist, als wären die Augen offener für die Not der anderen. Den Nachbarn sehen, der so traurig und müde wirkt. Die Menschen sehen, die sehr allein sind und sich über einen Besuch freuen. Das Kind sehen, das das Lachen offenbar verlernt hat. Im Advent teilen wir, in dem wir die Aktion „Brot für die Welt" durchführen. Viele Gruppen gehen in Altersheime, an Krankenbetten und auf Pflegestationen, und sie bringen buchstäblich Licht mit. Im Advent üben wir, Licht zu sein, damit wir es auch im neuen Jahr nicht vergessen.

Wir singen: *Mache dich auf und werde Licht.*

Mache dich auf und werde Licht, denn dein Licht kommt.
Dennoch wäre es eine Überforderung, dieses Vorhaben, Licht zu werden, Licht zu sein. Die Dunkelheit ist in uns oft größer als das Licht. Jede Tagesschau, jedes Heute Journal zeigt uns die Dunkelheit auf unserer Erde. Aber in diese dunkle Welt fallen immer wieder Zeichen der Nähe Gottes wie Lichtfunken. Wir können nur Licht werden, weil wir auf ein Licht zugehen, das größer ist als wir selbst. Von seinem Licht werden wir beglänzt.

Es ist Anfang Advent. In der Jugendgruppe hat die Pfarrerin nachgefragt, wer denn in diesem Jahr an Heiligabend das Weihnachtsevangelium vorliest. Kim hat sich gemeldet und Benjamin. Die Pfarrerin nickt zustimmend und überlegt schon, wie sie die Geschichte aufteilen könnte. Da meldet sich noch Jan. Die Pfarrerin zögert. Denn Jan kann nicht gut lesen. Wenn er liest, beginnen die Buchstaben zu hüpfen und die Plätze zu tauschen. Jedes Wort ist ein Kampf. Oft werden seine Mitschüler ungeduldig. Jan hat auch schon erlebt, dass andere ihn auslachen. Aber jetzt will er das Weihnachtsevangelium lesen. Die Kirche wird voll sein, gibt die Pfarrerin zu bedenken. Vielleicht macht dich das ganz nervös. Auch die anderen Jugendlichen reagieren verwundert und verhalten. Aber Jan bleibt dabei. Die Pfarrerin merkt, wie ernst es ihm ist. Sie gibt nach. Sie schlägt ihm vor, vorzulesen, was der Engel verkündet: Fürchtet euch nicht! Siehe, ich verkünde euch eine große Freude. Jetzt ist es Jan, der sich freut. Er will üben und dann in der vollen Weihnachtskirche vorlesen, was der Engel den Hirten und der weihnachtsfrohen Gemeinde zu sagen hat. An Heiligabend ist die Kirche voll. Alle Plätze sind besetzt. Hinten stehen noch welche. Viele Kinder sind da und auch die Erwachsenen sind voll gespannter Erwartung, darum ist es unruhig. Kim beginnt zu lesen: Es begab sich aber zu der Zeit, als ein Gebot vom Kaiser Augustus ausging… Dann übernimmt Benjamin: Und es waren Hirten in derselben Gegend auf dem Felde… Jan tritt an das Mikrofon. Er hat geübt, aber dann kommt er ins Stocken. Die Buchstaben hüpfen und tauschen die Plätze. Ganz langsam geht er von Wort zu Wort. Bei „widerfahren“ bleibt er stecken und fängt noch einmal an. Da wird es ganz ruhig in der Kirche. Selbst die Kinder merken auf. Alle schauen Jan an. Jeder versteht, dass gerade etwas Besonderes passiert. Dass da einer mit jedem Wort ringt, aber ihnen unbedingt etwas sagen will. Etwas

Wichtiges. Die Botschaft eines Engels. Der Engel stottert und verheddert sich mit seinen Flügeln in den Buchstaben, aber er gibt nicht auf. Jeder begreift, dass da einer sich durch die Buchstaben tastet, damit sie es erfahren: Ihr müsst euch nicht fürchten. Denn der Heiland ist geboren. Ein Kind in Windeln gewickelt und in einer Krippe liegend. Alle hören wie gebannt zu und begreifen, dass sie gerade ein wertvolles Geschenk bekommen, von Jan, dem das Lesen so schwer fällt. Es ist, als würde der Himmel ein bisschen aufgehen und das Licht hereinschicken mit jedem Wort, das zögernd über Jans Lippen kommt.

Wir singen: *Mache dich auf und werde Licht.*

Eigentlich geht der Vers noch weiter als der Kanon. In dem Vers, der beim Propheten Jesaja steht, heißt es: Mache dich auf und werde Licht, denn dein Licht kommt und die Herrlichkeit des Herrn erscheint über dir.

Was die Herrlichkeit Gottes ist, wird in der Bibel kaum beschrieben, weil sie unbeschreiblich ist. Aber es wird gezeigt, wie sie auf die Menschen wirkt. Als Mose Gottes Herrlichkeit sehen will, schützt Gott ihn im Schatten seiner Hand, damit er nicht vergeht, aber ein heller Glanz bleibt auf seinem Gesicht zurück (Exodus 33, 18-23; 34, 29). Mose verbirgt sein Gesicht, als Gott in seiner Herrlichkeit sich nähert. Elia verbirgt sich in einer Höhle, als Gott vorbeigeht und verhüllt sein Gesicht, als er Gott in einem sanften zärtlichen Windhauch erfährt (1. Könige 19, 11-13).

Wenn wir uns auf den Weg zum Stall machen, dann erfahren wir, dass die Herrlichkeit Gottes an Weihnachten eine andere werden wird. Da zeigt sie sich nicht Ehrfurcht gebietend, zerstörerisch gar. Sie zeigt sich in den verletzlichen Zügen eines Kindes. In diesem Kind wird sich die Herrlichkeit Gottes umkehren. Er wird ein Knecht und ich ein Herr, das mag ein Wechsel sein, so werden wir dann singen.

Machen wir uns auf den Weg. Wir singen: Mache dich auf und werde Licht – nun als Kanon.

Dazu wird die Gemeinde in vier Gruppen eingeteilt. Die Gruppe, die jeweils den Anfang singt, das erste: „Mache dich auf und werde Licht“ steht dazu auf, damit der Aufbruch auch leibhaftig wird.

Die Predigt kann auch als vier Impulse für Adventsandachten unter der Woche verwendet werden.

- Fürbitten

Du kommst, damit die Türen geöffnet werden und die Tore weit aufschwingen.
Wir bitten dich für alle Trauernden, dass sich ihnen Türen öffnen zu Trost und Hilfe,
wir bitten dich für Kranke, dass für sie Türen ins Leben aufgehen,
wir bitten dich für alle Verbitterten und Ratlosen,
für Enttäuschte und Suchende,
dass die Tore vor ihnen weit aufschwingen
und neue Wege sich vor ihnen auftun,
lege uns neue Wege vor die Füße, wenn wir nicht wissen, wohin.

Öffne Türen ins Leben für die Kinder unserer Gemeinde,
dass sie bekommen, was sie brauchen, an Liebe, Zuwendung und Unterstützung
und dass sie unter deiner Hut und Acht ihren Weg finden.

Öffne die Türen unserer Herzen,
dass Licht hinein fällt und Mitgefühl und Aufmerksamkeit einziehen.

Öffne die Türen, dass wir dich einlassen
in unser Herz,
in unser Leben,
in unsere Beziehungen,
in unsere Häuser.

- Vaterunser

- Schlusslied: Tochter Zion (EG 13)

- Segen

- Musik zum Ausgang

2. Ach, dass du den Himmel zerrissest (Jes. 63, 19b) – Gottesdienst zum 2. Advent

Am Eingang erhalten die Besucherinnen und Besucher Stifte und ein Blatt Papier, auf dem das Wort Advent in großen Buchstaben untereinander geschrieben ist:
A wie
D wie
V wie
E wie
N wie
T wie

- Musik zum Eingang

- Gesprochener Ruf: Freut euch, ihr Christen. Freuet euch sehr. Schon ist nahe der Herr!

- Eingangslied: Wir sagen euch an den lieben Advent (EG 17, 1-2)

Die Kerzen am Adventskranz werden angezündet. Ein Vorsänger oder eine Vorsängerin singt die Strophen ohne Orgelbegleitung; die Gemeinde antwortet, begleitet von der Orgel, mit dem Kehrvers „Freut euch, ihr Christen".

- Votum

- Liturgischer Gruß

- Psalmgebet, *im Wechsel gesprochen*

Es ist die Zeit der Wunder.
Blumen blühen im Schnee.
Bestaunt von Rehen
streift ein Kamel durch den Wald.
Im Osten geht ein Stern auf.

    Es ist die Zeit der Wunder.
    Enttäuschte verlieben sich neu.

Alte Wunden heilen.
Tote Herzen regen sich in Mitgefühl.
Die Begabung für Freundschaft wächst.
Es ist die Zeit der Wunder.
Träumer werden frech.
Zyniker werden ganz leise.
Im Wind flüstert Engelsgewisper.
Im Rot des Abends backt Gott Brot.
Es ist die Zeit der Wunder.
Draußen im Stall lacht ein Kind.

- Gloria

- Eingangsgebet

Im Advent, Gott,
ist manches so anders,
das Licht, die Düfte,
der Geschmack
nach Orangen und Lebkuchen.
Lass manches anders sein,
lass manches anders werden,
lass den Himmel aufreißen,
ab und an
schreib die Zeichen deiner Nähe an den Horizont.
Verschlag den Vielrednern die Sprache,
leg den Verstummten Wünsche in den Mund,
gib den Teenagern Geduld mit dieser seltsamen Welt,
den allzu Ernsten schick einen Kicheranfall.
Zyniker trällern ein sorgloses Lied.
Augenblicke, in denen er schon ganz nah ist,
dein Himmel.

- Kyrie

- Gnadenzusage

Seht auf und erhebt eure Häupter, weil sich eure Erlösung naht (Lukas 21, 28).

• Bittlied: Dein König kommt in niedern Hüllen (EG 14, 6)

• Tagesgebet
Gib uns dein Licht, Gott,
wo die Sorge alle Farben dämpft,
wo die Angst die Sonne verschluckt,
wo wir den Weg nicht mehr sehen und im Dunkeln tappen,
gib uns ab von deinem Licht.

• Lesung: Lukas 21, 25-33

• Gebetsruf
O Heiland, reiß die Himmel auf, herab, herab vom Himmel lauf,
reiß ab vom Himmel Tor und Tür, reiß ab, wo Schloss und Riegel für (EG 7,1).

• Hauptlied: O Heiland, reiß die Himmel auf (EG 7, 1-3)

• Predigt zu Jes. 63, 19b – 64,3: Ach, dass du den Himmel zerrissest
Jedes Jahr neu erlebe ich den Advent wie ein Hineingehen in eine andere Welt. Als würde ich ein Zimmer betreten, das sich jedes Jahr nur für kurze Zeit öffnet im Haus meines Lebens. Hier riecht es anders – nach Mandeln und Zimt. Hier schmeckt es anders, nach Orangen und Lebkuchen. Es gibt ganz eigene Klänge, Posaunen, die ein Schiff über den Horizont ziehen lassen, Spieluhren mit Kurrendesängern. Ich summe vor mich hin: O Heiland, reiß den Himmel auf. Es ist Advent.

Wie riecht der Advent für Sie? Wonach schmeckt er? Wie klingt er?

Advent ist wie das Hineingehen in eine andere Welt. Gehen zu Sehnsuchtsorten. Dann wäre ich manchmal gern wieder Kind. In dieser Zeit, als die Welt noch vollkommen ein Zuhause war. Wie es sich angefühlt hat, Warten auf Weihnachten. Für mich riecht dieses Warten nach Schnee. Und für Sie? Sehnsuchtsorte. Wie Weihnachten einmal war und nicht mehr sein kann, weil ein Mensch fehlt, ohne den es nicht Weihnachten werden kann. Ach, dass doch der Himmel aufrisse. Ich würde noch einmal so gern deine Hand berühren und deine Stimme hören, wie sie meinen Namen ruft. Ach, dass doch der Himmel aufrisse. Ich würde es so gern erleben, dass die Völker wirklich inne halten. Manche von den Machthabern dürfen ruhig auch ein wenig zittern. Dass die Schlote, die den Dreck in den Himmel pusten, zu schwanken anfangen. Dass das Artensterben endlich aufhört. Dass Friedenskonferenzen den Namen wirklich verdienen.

Ach, dass du den Himmel zerrissest. Wir warten auf dich. Wir brauchen dich so sehr.

Ach, dass du den Himmel zerrissest. Das ist das Warten des Propheten. Dass Jerusalem endlich Frieden findet.

Ach, dass du den Himmel zerrissest. Das ist das Warten Marias. Als Jesus geboren wurde, da gab es viele Marias. Der Name war sehr beliebt, in Erinnerung an Miriam, die Schwester des Mose. Eine herrliche Tat hat Gott getan, hat sie gesungen, als das Volk aus Ägypten in die Freiheit zog. Maria, so heißt die Sehnsucht nach Befreiung in einem Land, das unter römischer Besatzung ächzt. Mit jedem Kind, das den Namen Miriams bekam, wurde die Sehnsucht nach Befreiung wach gehalten. Die Sehnsucht, dass Gott den Himmel zerreißt.

Ach, dass du den Himmel zerrissest. Für die vielen, die auch heute auf dich warten.

Manchmal fallen Funken des großen Lichts in den Schatten. Manchmal wird es schon ganz hell. Der Himmel geht ein bisschen auf. Der Sinn leuchtet auf. Das Geheimnis des Glaubens entschlüsselt sich. Das Licht ist noch nicht da. Wir gehen noch darauf zu. Aber ist da nicht schon manchmal ein kleiner Riss, der schon das Licht durchlässt?

Als Sie nach Zeiten der Ungewissheit erkannt haben: Alles wird gut.

Als Sie auf dem Berggipfel standen und die Welt ganz weit wurde und der Himmel ganz nah kam.

Als Sie ein Neugeborenes auf dem Arm gehalten haben und gespürt haben, wie das Geheimnis des Lebens direkt in Ihr Herz greift.

Der Himmel hat einen Riss bekommen und Funken von Licht fallen auf die Erde.

Wenn Kerzen Mauern zum Einsturz bringen.

Wenn die Kinder der Täter vor den Gedenksteinen für die Opfer nieder knien.

Wenn auf den Feldern im Rhein-Neckar-Gebiet der Feldhamster wieder seinen Bau gräbt, wo er doch schon als ausgestorben galt.

Ach, dass du den Himmel zerrissest. Es war lange nicht klar, ob sie Weihnachten noch zusammen feiern würden. Lange stand das Wort Trennung im Raum. Wenn er abends nach Hause kam und den Schlüssel ins Schloss steckte, war oft viel Anspannung in ihm. Als er heute nach Hause kommt, ist sie schon da. Sie hängt die Wäsche auf, die er morgens in die Maschine gestopft hat. Sie dreht sich zu ihm um. Ich liebe dich doch, sagt sie. Nicht mehr. Aber das reicht. Eine Last fällt von ihm ab. Es ist, als hätte der Himmel einen Riss bekommen und würde das Licht herein lassen. Für einen Augenblick.

Ach, dass du den Himmel zerrissest. Die Enkelin sitzt nachts am Bett ihrer sterbenden Oma. Der Arzt hat gesagt, dass es nicht mehr lange dauern wird. Die Enkelin hat die Nachtwache übernommen. Sie kann nichts mehr tun. Sie kann nur noch die Hand der Großmutter halten und ab und an mit etwas Wasser ihre Lippen befeuchten. Manchmal flüstert sie der Oma ein paar Worte zu. Manchmal summt sie ein Lied. Ganz langsam tröpfelt die Zeit. Die Enkelin denkt an früher, wie es war, als sie ein Kind war. Sie ist oft bei Oma und Opa gewesen. Und dann nur noch bei Oma, als der Opa gestorben war. Die Kindheitserinnerungen kommen ganz nah. Die Zeit tröpfelt. Die Oma im Bett ist ganz ruhig. Ihr Gesicht ist so friedlich. Es ist, als würde sie ganz sanft und leise davon gehen. In den langen Nachtstunden kehrt eine leuchtende Stille, ein großer Friede in das kleine Krankenzimmer ein. Als hätte der Himmel einen Riss bekommen und schon etwas von dem Frieden durchgelassen, auf den die Oma zugeht und den jetzt auch die Enkelin findet, die am Bett sitzt und wacht. Leise summt sie ein Lied. Ich erkenne die Melodie. Es ist ein Adventslied.

Es ist „O Heiland, reiß den Himmel auf" (*Wenn es für Sie stimmig ist, dann summen Sie die Melodie des Liedes und singen oder sprechen Sie dann die Worte der ersten Strophe).*

Ach, dass du doch den Himmel zerrissest. Im Advent wächst die Sehnsucht, dass Licht durch die Ritzen fällt, energischer als in anderen Zeiten. Dass die Herzwände Risse bekommen. Dass die Einsamkeit Risse bekommt. Dass die verschlossenen Türen Risse bekommen. Dass in festgefahrenen Verhandlungen die Haltungen Risse bekommen. Risse, durch die das Licht fällt, Himmelslicht. Himmelslicht einzulassen in das Herz, das oft so mutlos ist, so verschlossen und so verzagt. Wo bleibst du, Trost der ganzen Welt? Komm, denn wir warten auf dich.

- Predigtlied: O Heiland, reiß die Himmel auf (EG 7, 4-7)

- Fürbitten

Reiß den Himmel auf, gnädiger Gott.
Komm zu uns, denn wir brauchen dich so sehr,
dein Licht in unserem Dunkel,
deinen Geist in unserer Fantasielosigkeit,
dein Lachen im Grau unseres Alltags.
Reiß den Himmel auf.
Komm in deine Welt, denn sie braucht dich so sehr.
Dein Frieden im Unfrieden dieser Erde,
deine Sanftmut, wo alle sich bewaffnen,
deine Gerechtigkeit angesichts ungerechter Verteilung deiner Gaben.
Komm zu uns Gott. Wir brauchen dich so sehr.

- Vaterunser

- Aktion

Zu meditativer Musik wird das eingangs erhaltene Blatt ausgefüllt. Wenn in der Vorwoche eine Gemeindegruppe sich schon Gedanken darüber gemacht hat, können verschiedene Beispiele als Anregung vorgelesen werden:

A wie Ankunft
D wie Duft von Plätzchen
V wie Vorbereitung
E wie Elisenlebkuchen
N wie Nähe
T wie Tür

- Schlusslied: Das Volk, das noch im Finstern wandelt (EG 20, 1-4. 7-8)

- Segen

Gott segne dich mit seinem Licht.
Frieden für dein Haus,
Freude für dein Leben,
Liebe für dein Herz,
Kraft für deinen Tag,
Heil für deinen Leib.

- Musik zum Ausgang

3. In Erwartung – Gottesdienst zum 3. Advent

- Musik zum Eingang

- Eingangslied: Wie soll ich dich empfangen? (EG 11, 1. 7 – 8.10)

- Votum *mit Anzünden der drei Kerzen am Adventskranz*

Ich zünde das erste Licht an: im Namen Gottes.
Er liebt die Welt so sehr, dass er uns seinen Sohn gibt.

Ich zünde das zweite Licht an: im Namen des Sohnes.
Er kommt zu uns, er ist uns schon ganz nah.

Ich zünde das dritte Licht an: im Namen des Geistes.
Er öffnet unser Herz für die Freude und das Licht.

- Liturgischer Gruß

- Psalmgebet

Es ist Zeit.
Gott reißt Risse in den Himmel,
kämmt die Bäume mit Windhänden.
    Es ist Zeit,
    Stimmen flüstern im Wind,
    flüstern Liebesworte,
    flüstern deinen Namen,
    flüstern die Botschaft der Engel:
    Fürchte dich nicht.
Es ist Zeit.
Gott singt im Wind,
singt ein Schlaflied
den Kindern, den Bäumen,
der Saat, die schläft in der Erde
tief.
    Es ist Zeit.
    Die Stille leuchtet.

Gott schreibt Botschaften zwischen die Sterne,
heftet Trostworte an den Vogelzug.
Es ist Zeit.
Gott zündet Lichter an in den Herzen der Zweifler.
Enttäuschte verlieben sich neu.
Verwundete heilen im Licht
der Wintersonne.
Es ist Zeit.
Eine junge Frau ist hochschwanger.
Es ist Zeit.
Gott kommt.

- Gloria

- Eingangsgebet

Heute Nacht sah ich dich, Gott.
Du hast den Frost in die Luft gestreut,
hast die Sterne poliert
mit weichem Tuch.
Laternen sind sie.
Dieser Stern ist meiner,
ich habe ihn erkannt,
am Funkeln.
Ihm will ich folgen, Gott,
er ist mein Stern,
der sehnen ist
und lieben
und hoffen.

- Kyrie

- Gnadenzusage

Saget den verzagten Herzen: Seid getrost, fürchtet euch nicht! Sehet, da ist euer Gott (Jes. 35, 4a).

- Bittlied: Macht hoch die Tür (EG 1, 5)

• Tagesgebet
Ja, weil du kommst, kann sich etwas verändern,
mein Heiland Jesu Christ,
ja, verändere,
fang mit mir an,
verändere mein Herz,
das verzagte,
wende es um im Licht deiner Liebe.
Öffne mein Herz, das verschlossene,
dass die Tore aufschwingen
in Mitgefühl und in Liebe.
Lass dein Wort
widerhallen von den Herzwänden
und mir die Botschaft der Hoffnung durch die Adern pumpen.
Du kommst Gott, es kann sich noch etwas ändern, auch bei mir.

• Lesung: Jesaja 40, 1-11a

• Gebetsspruch: Siehe, das ist Gottes Lamm, das der Welt Sünde trägt (Joh. 1, 29).

• Glaubensbekenntnis

• Hauptlied: O Heiland, reiß die Himmel auf (EG 7, 1. 4-5)

• Predigt zu Matthäus 11, 2-6
Suspekt war er mir schon immer, dieser Johannes.
Das muss mit unserer ersten Begegnung zu tun haben. Da war ein Bild in meiner ersten Kinderbibel. Johannes mit wilden Haaren. Er trug eine Art Mantel, aus Kamelhaar, wie ich später erfuhr. Der Mantel ähnelte dem von Onkel Arno, der immer so nach muffigem Schrank roch, also der Mantel. Der Johannes meiner Kinderbibel sah verwildert und gefährlich aus. Mit Schaudern las ich, als ich es endlich konnte, dass er außer Honig auch dem Genuss von Heuschrecken nicht abgeneigt war. Igitt. Johannes sah nicht nur wild und ein bisschen irre aus, sondern auch sehr wütend. Viel später erst konnte ich etwas anfangen mit dieser Wut. Wütend, weil die Welt nicht so ist, wie Gott sie sich träumt. Das ist ein

ziemlich guter Grund, sehr wütend zu sein. Trotzdem schaffte es Johannes nie in die Top Ten meiner biblischen Lieblingsfiguren.

Auch jetzt stört er mich. Am dritten Advent will ich nichts von diesem Johannes hören, der einen Hauch Hitze des Jordantals in unsere winterkühle Kirche trägt. Heute will ich von Hirten hören, von Sternen und von Schnee. Johannes stört da. Zum Johannistag, da passt er wunderbar. Da haben wir ihn in den Frauenkreis eingeladen und bei einem Glas Johannisbeerbowle die Stationen seines Lebens und diverse Bräuche zum Johannistag abgeklappert. Aber Johannes im Advent, nee. Wie er in die Adventszeit hineingeraten ist, das ist mir schon klar. Advent ist Zeit der Vorbereitung, Zeit der Buße. Lila ist unser Altar geschmückt, wie in der Passionszeit. Zugegeben, das ist nicht gerade präsent. Als meine katholische Kollegin in der Schule kürzlich sagte, sie esse erst an Heiligabend Christstollen und Weihnachtsplätzchen, denn jetzt sei ja Fastenzeit, schoben die anderen Lehrerinnen erstaunt die Augenbrauen nach oben. Fastenzeit? Jetzt? Die Vorstellung war angesichts der Verlockungen, die freundliche Eltern auf dem Tisch im Lehrerzimmer placiert hatten, allzu befremdlich. Und du, wollte die Lehrerin aus der Vierten neben mir wissen, isst du auch keine Plätzchen? Ich musste zugeben, dass ich allzu viele Plätzchen esse, mir beim Schokoladenverzicht in der Passionszeit schon vorkam wie ein Held und nicht vorhabe, dieses Heldentum in die Adventszeit zu verlagern. Außerdem kenne ich keinen Menschen in der Gemeinde, der im Advent fastet. Oder??? Fastet hier jemand? Na also. Ich sag's ja, Johannes mag ja ein prima Bußprediger sein, aber er und Advent, das passt so gut wie ein Glühweinstand in der Sahara.

Und jetzt sitzt er also im Knast, der Johannes. Kein Wunder, es war ja abzusehen, dass so einer Ärger macht und auch Ärger kriegt. Schon auf dem Bild in der Kinderbibel habe ich das sehen können, dass einer, der so streng ist und so wütend, dass so einer nicht weiß, wann es besser ist, den Mund zu halten. Dass der sich anlegen wird mit den Mächtigen und nicht kuscht. Jetzt sitzt er also im Gefängnis. Die Leute haben ihm zu gern zugehört, diesem Johannes. Und dann wurden es immer mehr, die ihm gern zugehört haben. Herodes konnte nicht mehr darüber hinwegsehen. Vielleicht plant er einen Aufruhr, eine Rebellion, hat Herodes sich gedacht, so einer sollte besser weggesperrt werden. Ärger kann Herodes sich nicht leisten, er hat schon genug davon, seine Frauengeschichten haben schon reichlich Staub aufgewirbelt, und Herodes ist nervös. Also weg mit Johannes.

Johannes im Gefängnis. Wenn ich auf diese Szene blicke, kommt hinter dem strengen und wütenden Johannes in meiner alten Kinderbibel ein anderer Johannes hervor. Hier zeigt mir Johannes ein anderes Gesicht, ein sehr menschliches Antlitz. Mit weicheren Zügen, immer noch Hunger im Blick, aber noch etwas anderes, Sehnsucht ist da und Angst. Sehnsucht, Angst und Zweifel schwingen in den Obertönen seiner Frage mit: Bist du der Kommende, auf den wir gewartet haben? Oder sollen wir auf einen anderen warten?

Warten kann ja sehr verschieden sein. Auch im Advent sehe ich das. Da ist das ungeduldige Warten der Kinder, das sich schon mal vorfreut, und das durch das Öffnen eines weiterenTürchens am Adventskalender nur schwer zu bändigen ist. Da ist das etwas gestresste Warten: Ups, so bald ist schon Weihnachten, und ich habe noch kein Geschenk im Versteck, keine Plätzchen gebacken, noch nicht mal den Strohstern ins Fenster gehängt. Da ist angespanntes Warten: Wird es wieder Streit geben unterm Weihnachtsbaum? Da ist ängstliches Warten: Wie wird es sein, das erste Weihnachten ohne den geliebten Menschen? Da ist sorgenvolles Warten: Werde ich Weihnachten im Krankenhaus feiern müssen? Zum Glück auch ganz leichtes, unbekümmertes Warten. Warten hat viele verschiedene Farben, Klänge, Stoffe.

Johannes hat immer gewusst, wer dieser Jesus ist. Er wusste es schon, als die anderen noch nichts davon gesehen hatten: Siehe, da ist das Lamm Gottes, das die Sünde der Welt trägt. Er gilt als Wegbereiter, er hat Jesus den Weg geebnet und ihn begleitet. Jetzt aber, im Gefängnis, da kommen die Zweifel: Bist du der Kommende? Oder sollen wir auf einen anderen warten? Johannes ist unsicher geworden in seinem Warten.

In seinem wütenden Warten, dass einer kommt, damit die Welt nicht so bleiben muss, wie sie ist.

In seinem keuchenden, hungrigen Warten, dass sich endlich etwas verändert, dass Gott wieder ganz nah kommt.

In seinem sehnsüchtigem Warten, dass für ihn, der immer groß und stark und streng und ein Alphatierchen sein musste, ein anderer kommt, der größer ist als er selbst und in dessen Schatten er sich bergen kann.

Es ist nicht nur sein Warten. Es ist das Warten des Jesaja, der das Licht herbeisehnt über dunkles Land. Es ist das Warten des Micha, der träumt, wie sich Schwerter in Pflugscharen verwandeln. Es ist das Warten Hannas, dass Jerusalem Frieden findet. Es ist das Warten von Maria, dass Gott kommt, die Mächtigen vom Thron nimmt und die Niedrigen erhöht. Uraltes Warten ist das Warten von Johannes, es ist gewoben aus den Hoffnungsfetzen, Traumfäden und dem Lichtleinen Israels.

Am Ende kommen die Zweifel. Ist er es? Ist er es wirklich?
Gibt es ihn wirklich, den Gott, der mich liebt, fragt der alte Mann im Krankenbett. Mein ganzes Leben habe ich an ihn geglaubt und ihm vertraut, und jetzt bin ich hier, allein, alt, krank und finde ihn nicht mehr.

War es wirklich richtig, fragt mich die Freundin. Nach langem Zögern und weil es für sie nicht mehr weiterging, hat sie ihre Ehe beendet. War es richtig? Die Antwort lässt sich nur durch das Leben finden.

Die Frau schaut mich an: Jahrelang habe ich mich und meine Bedürfnisse hinten angestellt, war nur für die Kinder und die Familie da, und jetzt? Und jetzt?

Jesus verweist nicht auf eine Zukunft. Er verweist nicht auf etwas, das irgendwann kommt. Er lenkt Johannes' Blick auf das Jetzt. Schau doch, was jetzt passiert. Blinde sehen. Lahme gehen. Aussätzige werden rein. Taube hören. Tote stehen auf. Armen wird die gute Nachricht gesagt. Selig ist, wer keinen Anstoß nimmt an mir. Es war nicht vergeblich, das Warten. Gestrauchelte stehen wieder auf. Traurige lernen lachen. Enttäuschte verlieben sich neu. Weil er da ist. Und weil er auch jetzt kommt, in mein Warten und in deines, in die Zweifel und in den Traum, dass die Welt nicht so bleiben muss, wie sie ist. Dass das Leben nicht so bleiben muss, wie es ist. Dass ich nicht so bleiben muss, wie ich bin.

Es ist der dritte Advent. Die Kinder haben schon die Krippe aufgestellt. Sie ist leer. Maria und Josef haben noch einen langen Weg vor sich. Nur der Ochse liegt da, als Dauermieter, neben der leeren Krippe. Die Hirten stehen draußen und passen auf die Schafe auf. Da ist noch Platz. Aus der Puppenkiste meiner Tochter nehme ich eine kleine Spielfigur. Brauner Umhang. Bestimmt Kamel. Wirre Haare. Passt. Ich stelle Johannes in den Stall. Denn hier ist Platz für ihn. Platz ist hier für das Warten, das wütende, sehnsüchtige, hungrige Warten. Platz ist hier für die Zweifel, für die bangen Fragen. Platz ist hier für das pralle, sehnsüchtige Leben. Weil er kommt. Er ist schon ganz nah. Er ist es wirklich.

- Predigtlied: Seht, die gute Zeit ist nah (EG 18)

- Fürbittgebet mit gesungenem Gebetsruf „Das Volk, das noch im Finstern wandelt" (EG 20, 1)

Wir beten für unsere Welt, dass es nicht dunkel bleibt
über denen in Angst,
über denen, die hungern,
über denen, die fliehen müssen und nicht wissen wohin,
über denen, die fremd sind.
Dass wir einander den Trost nicht versagen
und das Brot füreinander brechen
und einander den Becher reichen, den köstlichen,
gefüllt bis an den Rand
mit Gastfreundschaft und Willkommen,
mit Freude und Fest.

Für unsere Welt singen wir: *Das Volk, das noch im Finstern wandelt (EG 20, 1).*

Wir beten für den Wind und den Schnee,
die Luft und die Erde,
für das Klima, dass wir es nicht gänzlich verderben
und bitten um Einsicht für alle, die auf den Klimakonferenzen beraten und in ihren Ländern regieren.

Für unsere Erde mit allen Geschöpfen singen wir: *Das Volk, das noch im Finstern wandelt (EG 20, 1).*

Wir beten für alle, die warten,
warten auf die Diagnose,
warten auf Heilung,
warten auf einen Arbeitsplatz,
warten auf ein gutes Wort,
auf einen Menschen, der sie befreit mit seiner Zuneigung,
warten, dass sie wieder lachen können,
für sie singen wir: *Das Volk, das noch im Finstern wandelt (EG 20, 1).*

Hilf uns, dass das Licht sich ausbreitet in unserem Herzen, dass wir es mitnehmen in unseren Alltag, in unsere Häuser und Familien und zu allen Menschen, denen wir begegnen.

- Vaterunser

- Schlusslied: Das Volk, das noch im Finstern wandelt (EG 20, 2-4. 7-8)

- Segen

- Musik zum Ausgang

4. Freut euch, der Herr ist nahe! – Gottesdienst zum 4. Advent

- Musik zum Eingang

- Gesprochener Ruf: Freut euch, ihr Christen. Freuet euch sehr. Schon ist nahe der Herr!

- Eingangslied

Die Kerzen am Adventskranz werden zum Lied „Wir sagen euch an den lieben Advent" (EG 17) angezündet. Ein Vorsänger oder eine Vorsängerin singt die Strophen ohne Orgelbegleitung; die Gemeinde antwortet, begleitet von der Orgel, mit dem Kehrvers „Freut euch, ihr Christen".

- Votum

- Liturgischer Gruß

- Einleitung zum Psalmgebet (EG Baden 777)

Inmitten unserer Welt, die im Argen liegt und in unserem Leben, das manche Schatten kennt, werden wir heute zur Freude gerufen. Der Herr ist nahe. Gott kommt zu uns, damit die Welt nicht so bleiben muss, wie sie ist.

Stimmen wir darum ein in den Jubelgesang der Maria, die den Gott preist, der die Niedrigen und Hungrigen sieht. Er sieht die, die sich nur wenig zutrauen und die, die voll Hunger sind nach Leben, Licht und Freude.

Wir beten den Lobgesang der Maria (EG Baden 777) im Wechsel. Zu Beginn, in der Mitte und am Schluss singen wir den Ruf „Magnifikat" (aus Taizé, EG Baden 622).

Magnificat wird gesungen: 1. zu Beginn, 2. nach: „bei denen, die ihn fürchten" und 3. am Schluss.

- Eingangsgebet

Wie soll das zugehen,
so frage ich mit Maria,
wie soll das zugehen, dass du in unsere Welt kommst,
die so verdunkelt ist
von Schuld,
von Eigennutz,
von Schmerz,
von Krieg?
Wie soll das zugehen?
Dass du in mein Leben kommst,
da ich oft so mutlos bin
und meine Liebe ganz kalt
und mein Herz ganz eng?
Wie soll das zugehen,
sag es mir.

Und mit Maria höre ich die Antwort,
die Engel im Wind wispern
und in die Träume flüstern
und in den Weg legen,
die Antwort: Fürchte dich nicht.
Fürchte dich nicht in deinem Dunkel,
fürchte dich nicht in deinen Aufgaben,
fürchte dich nicht auf deinem Weg,
deine Antwort:
Fürchte dich nicht.

- Adventskyrie (EG 178.6), *im Wechsel gesungen*

- Gnadenzusage

Seine Barmherzigkeit währt von Geschlecht zu Geschlecht bei denen, die ihn fürchten (Lk. 2, 50).

- Bittlied: Magnifikat (EG Baden 622), nun als Kanon

- Tagesgebet

Gott, du kommst zu uns als ein Kind, das von einer Frau zum Leben getragen wird.
Bald ist es soweit.
Du kommst zu uns mit einem Licht, das heil macht.
Schon bricht es an, schon wird es heller am Horizont.
Wir brauchen dich so nötig.
Wie sehr wartet die Welt auf deinen Frieden.
Wir warten, Gott, auf dich.

- Lesung: Philipper 4, 4-7

- Gebetsruf

Mein Herz dichtet ein feines Lied, einem König will ich es singen (Ps. 45, 2).

- Glaubensbekenntnis

Ich glaube an den Gott,
der jeden Morgen neu den Horizont mit Farben anmalt,
mit Rot, mit Gelb, mit Lila,
ich glaube an Gott, der das Licht der Sterne ist,
und Schiffe über den Horizont schickt,
beladen mit Hoffnungsbrot,
das satt macht.
Ich glaube an den Gott,
den Maria besingt.
Er sieht die Geduckten und richtet sie neu auf,
dass sie wieder den Blick zum Himmel heben ohne Angst,
er glaubt an die, die sich nichts mehr zutrauen.
Heilig und groß ist sein Name.

Ich glaube an Gott, der sich von einer Frau zum Leben tragen lässt,
der den Menschen Bruder wird,
ein Freund von Sündern und Ausgegrenzten,
von Kindern, von Blumen und Vögeln.
Ich glaube an den Gott, der ins Dunkel geht

und dort geboren wird,
wo die Angst ist.
Das Schreien eines Neugeborenen ist seine Stimme.

Ich glaube an den Gott, der von Frieden spricht
in einem ruhelosen Land unter fremder Besatzung,
Engel singen vom Himmel herab,
vom Frieden auf Erden,
der möglich ist,
in die Angst vor Anschlägen,
in die Gewalt und den Terror
singt Gott ein anderes Lied.
Ich glaube an den Gott, der Menschenherzen verändert,
Träumer ins Recht setzt,
Zaghafte ermuntert
und Friedensstifter ruft,
damals und heute auch
tut er große Dinge.

- Hauptlied

Nun jauchzet all ihr Frommen (EG 9, 1. 4-6) oder: Es kommt ein Schiff geladen (EG 8, 1-4)

- Predigt zu Matthäus 1, 18-25

Der Umschlag sah ganz harmlos aus, ein weißes Fensterkuvert. Thomas hatte seine Adresse in der Firma angegeben. Er wollte vermeiden, dass durch einen dummen Zufall der Brief Sara in die Hände fiel. Er hatte ihr alles verheimlicht. Verheimlicht seinen Verdacht, der monatelang in ihm immer größer wurde. Heimlich hatte er im Internet nach einem Labor gesucht. Heimlich hatte er die Probe eingeschickt. Und nun lag das Ergebnis in seinen Händen. Thomas stand auf; er schloss die Tür seines Büros und machte den Anrufbeantworter an. Ein paar Minuten würde niemand ihn vermissen. Er trat ans Fenster; der graue Wintervormittag ließ nur trübes Licht herein. Als er den Brief öffnete, bemerkte er, dass seine Hände zitterten. Das Schreiben war mehrere Seiten lang; er überflog unverständliche Daten und Zahlen, bis er auf das Ergebnis stieß. Er starrte es an. Der Vaterschaftstest war negativ. Paula war nicht seine Tochter. Sie war nicht sein Kind. Thomas konnte nicht aufhören, die wenigen Worte anzustarren; seine Augen waren wie an ihnen festgeklebt. Jetzt hätte die Wut kommen müssen. Aber da war nur eine große Leere. Ein Gefühl, als würde er fallen, aus großer Höhe ganz tief. Sie war nicht sein Kind. Die Verzweiflung kam näher, und sie schob eine Bugwelle von Leere vor sich her. Thomas unterdrückte den Impuls, jetzt Sara anzurufen. Sie hatte ihn betrogen, ihn jahrelang hinters Licht geführt. Er hörte ihre Stimme in sich, ein Gespräch vor Jahren schon, als sie von ihrem Urgroßvater erzählte, der so ein dunkler und südländischer Typ war, von ihm müsse Paula ihr Aussehen geerbt haben. Ganz ruhig hatte sie das erzählt und ihre Stimme hatte nicht gezittert. Paulas dunkle Augen. Das fast schwarze Haar. Es war nur Lüge gewesen. Sie war nicht sein Kind. Sie war ein Kuckuckskind. Einen Augenblick lang überlegte Thomas, seine Mutter anzurufen. Sie würde sich allzu gern verbünden mit seiner Wut und Enttäuschung. Sie hatte ihre Vorbehalte Sara gegenüber nie ganz überwinden können. Als Thomas und Sara sich nach den ersten zwei Jahren ihrer Beziehung getrennt hatten, hatte sie sich keine Mühe gegeben, ihre Erleichterung zu verbergen. Doch dann waren Sara und Thomas wieder zusammengekommen. Es war Sara, die neu auf ihn zugegangen war und ihn überzeugt hatte, man solle es doch noch einmal miteinander versuchen. Und dann war sie gleich schwanger gewesen. Thomas hatte sich ja immer ein Kind gewünscht. Sein Kind. Paula war nicht sein Kind. Was war er für ein dummer und blinder Narr gewesen. Thomas setzte sich auf seinen Schreibtischstuhl. Er hätte jetzt handeln müssen. Stattdessen tat er gar nichts. Er rechnete seine Kalkulation zu Ende und konzentrierte sich darauf, keinen Fehler zu machen. Am Nachmittag ging er zu dem anberaumten Meeting und trug ruhig seine Meinung zu dem neuen Bauprojekt vor. Nach ihrer Besprechung hielt Matthias ihn auf und wollte wissen, ob es bei ihrer Verabredung zum Badmintonspielen bleiben würde. Thomas sagte zu. Es war alles besser, als nach Hause zu gehen; er konnte Sara nicht in die Augen sehen. Als er an der Sekretärin vorbei zum Ausgang ging, rief sie ihm „Frohe Weihnachten“ nach, sie würde ab morgen Urlaub haben. Thomas reagierte nicht, Weihnachten – das Wort war fremd und blass und schal. Weihnachten war eine Lüge aus einer anderen Zeit, und die war vorbei.

Später dann in der Halle sagte Matthias nichts darüber, dass Thomas nicht ganz bei der Sache war. Sie hatten sich in der Firma kennengelernt, als Matthias in Thomas Abteilung versetzt worden war. Nach einer Weile merkte Thomas, wie gut ihm Matthias Art gefiel. Als sie vor ein paar Monaten auf dem besten Weg waren, einen prestigeträchtigen Auftrag zu verlieren, war es Matthias gewesen, der wieder Konzentration und Handlungsfähigkeit in ihre Arbeitsgruppe brachte. Sie hatten das Ruder noch einmal herumgerissen. Seitdem gingen sie einmal die Woche in die Badmintonoase und kloppten sich die Federbälle um die Ohren. Wie Thomas nun Matthias auf der anderen Seite des Netzes gegenüberstand, merkte er wieder, dass er ihn mochte. Der Gedanke, es ihm zu erzählen, kam ganz von selbst; Matthias würde es verstehen und nicht herumtratschen. Thomas hob einen verfehlten Ball vom Boden auf und schlug den Ausklang bei einem Bier vor. Als sie am Tisch saßen, fing er an zu erzählen. Er zeigte Matthias den Brief vom Labor. Wenn Matthias überrascht war über dieses neue ungewohnte Maß an Vertraulichkeit, ließ er sich jedenfalls nichts anmerken. Matthias sagte nicht viel. Ab und an machte er eine Bemerkung oder stellte eine Frage, die Thomas dazu brachte, noch mehr zu erzählen. Nur ganz am Schluss sagte er: Und Paula? Wer bist du für sie? Thomas hielt inne. Für Paula. Für Paula war er der Papa. Für Paula war er ihr Papa. Und würde es wohl immer sein. Als Matthias und Thomas sich auf dem Parkplatz trennten, umarmten sie sich etwas ungeschickt. Einen Freund zumindest habe ich gewonnen, dachte Thomas, als er aufs Fahrrad stieg. Bitterkalt war es; die Kälte kroch durch seine Handschuhe. Als Thomas mit tauben Fingern die Wohnungstür aufschloss, hörte er ihre Stimmen. Sie waren in der Küche. Sie saßen sich gegenüber. Paula drehte sich zu ihm um, als er in der Tür stand. Sara saß da im Schein der Kerzen des Adventskranzes und mit einem Stich wurde Thomas bewusst, wie schön sie war. Er spürte den Impuls, sie an den Schultern zu fassen und zu schütteln und anzuschreien, aber Paulas Stimme drückte das zur Seite. Mama fragt mich für das Weihnachtsstück ab, sagte sie, morgen ist doch unsere Aufführung! Ihre helle Kinderstimme traf ihn mitten ins Herz. Weißt du denn endlich, ob du kommen kannst? Und wann holen wir endlich den Baum? Wenn wir noch lange warten, gibt es vielleicht keinen schönen mehr, plapperte Paula weiter. Mama kann nicht kommen, sie hat ihre blöde Redaktionskonferenz, aber einer von euch muss doch da sein. Also, was ist denn nun? Thomas versprach zu kommen; er würde ganz früh in die Firma gehen und dann eine frühe Mittagspause einplanen und rechtzeitig in der Schule sein. Paulas Gesicht begann zu leuchten. Sie fing an, von dem Stück zu erzählen und von der Probe heute Morgen und vom Wichteln in der Schule, fast hatte das Mädchen, das sie heimlich beschenken sollte, sie heute erwischt. Thomas blendete die Worte aus und hörte nur noch ihre Stimme und in seiner Brust lag ein Stein, der sich gleich in Weinen verwandeln würde. Sie ist nicht mein Kind; er hörte die Stimmen in seinem Ohr kreischen. Abrupt stand er auf. Er hielt es nicht mehr aus auf dem Stuhl in der Küche, die so vertraut war und heute seltsam fremd. Lüge, es war alles nur eine Lüge gewesen. Paula sah ihn einen Moment überrascht an, dann fragte sie: Bringst Du mich ins Bett? Ich will noch eine CD hören. Er nickte. Sara sagte, dass sie gleich in ihren Yogakurs wolle und mit den anderen Mädels hinterher was trinken würde, aber es sei noch Auflauf da, den er sich warm machen könne, und wieder nickte er und dann war der schreckliche erste Augenblick zu dritt mit der neuen Wahrheit vorbei. Später am Abend hörte er Sara nach Hause kommen; er lag im Dunkeln und merkte, dass sie versuchte, ganz leise zu sein, um ihn nicht zu stören. Lange lag er so da, Sara schlief schon längst; er hörte ihre leisen nichtsahnenden Atemzüge, während er in die Dunkelheit starrte. Schließlich machte er Licht und schaute sie an; wenn sie jetzt aufwacht, dann sage ich ihr alles ins Gesicht, dachte er. Aber sie murmelte nur im Schlaf. Als Thomas endlich einschlief, schreckte er immer wieder aus wirren Träumen auf. Er war fast froh, als der Wecker klingelte. Als er in die Küche kam, hatte Sara schon Kaffee gemacht. Paula saß am Tisch über einer Schüssel Cornflakes und hatte schon wieder den Text ihrer Rolle vor der Nase. Sara stellte eine Tasse Kaffee vor ihn hin. Ist alles in Ordnung mit dir? fragte sie leise. Sie kannte ihn einfach zu gut. Ja, ja, murmelte er, ich glaube, ich kriege eine Erkältung. Sara gab sich zufrieden damit.

Als Thomas kurz vor elf in die Aula der Schule kam, waren alle Plätze schon belegt. Es blieb ihm nichts anderes übrig, als sich zu ein paar anderen bedauernswerten Eltern zu gesellen, die an der Seite an der Wand lehnten. Wenigstens würde er gut sehen können. Punkt elf begannen ein paar Mädchen Blockflöte zu spielen: Kommet ihr Hirten. Das Lied wurde immer schräger, bis die Mädchen kichernd absetzten und wieder von vorne anfingen. Die Rektorin sagte ein paar Worte, Thomas hörte zu und vergaß es sofort wieder. Dann ein nervöser Junge mit einem Saxophon, drei Erstklässler, die ein Gedicht vortrugen und schließlich eine kurze Pause, während die vierte Klasse die Kulissen zurechtrückte. Schließlich ging es los. Paulas Freundin Mia, die so gut lesen konnte, erzählte den Anfang der Weihnachtsgeschichte. Thomas starrte auf die Wand ihm gegenüber, die Wand war in blauer Farbe mit geometrischen Formen bemalt. Die Formen zerflossen vor seinen Augen, sammelten sich zu Pfützen und schrieben das Wort VERRAT an die Wand. Er blinzelte die Tränen weg. Etwas zog Thomas Aufmerksamkeit an. Er hörte plötzlich ganz genau zu. Es war so, erzählte Mia, Maria war mit Josef verlobt, aber dann stellte sich heraus, dass sie schwanger war. Mia machte eine Pause und ein ernstes Gesicht. Dann erzählte sie weiter: Josef wollte Maria, die er sehr mochte, nicht bloßstellen, aber er hatte vor, sie zu verlassen. Er dachte viel darüber nach. In der Nacht kam aber ein Engel zu ihm. Der Engel sagte zu Josef: Du sollst Maria nicht verlassen, sondern bei ihr bleiben. Das Kind, das sie erwartet, ist von Gott. Thomas merkte, dass er den Atem angehalten hatte. Das war seine eigene Geschichte, die Mia da erzählte, eine uralte Geschichte von einer jungen Frau, die ungeplant und wohl auch ungewollt schwanger war und von dem Mann, der sich abwandte von ihr. Es ist nicht sein Kind. Es ist nicht mein Kind. Es ist nicht sein Kind. Es ist nicht mein Kind. Nur dass es hier anders war, weil ein Engel kam und eine Botschaft hatte. Das Kind ist von Gott. Thomas starrte auf die Bühne, auf der nun Paula mit einem höchst verlegenen Josef an der Seite erschien. Schlafwandlerisch trug sie ihren Text vor, wie weit der Weg doch war nach Bethlehem. Die Menschen um Thomas lachten. Paula und ihr Josef mussten allerlei komische Situationen überstehen, bis sie endlich im Stall waren. Aber davon bekam Thomas nichts mit. Er starrte Paula an, die man mit Sofakissen unter dem Kostüm zu einer kleinen blauen Kugel ausstaffiert hatte und ihr Gesicht, wie dieses Gesicht doch leuchten konnte. Thomas spürte, wie ihm die Tränen kamen. Dieses Kind, dachte er, dieses Kind ist von Gott. Sie ist ein Gottesgeschenk. Dieses Kind ist von Gott. Die Mutter neben ihm sah ihn verstohlen von der Seite an, aber das störte Thomas nicht. Er ballte seine Hände zu Fäusten, und dann machte er sie ganz vorsichtig wieder auf.

Als die Feier zu Ende war, blieb Thomas wie festgeklebt an der Wand stehen und sah zu, wie Paula mit einigem Pathos ihren Klassenkameradinnen in die Arme fiel und sie einander „Frohe Weihnachten" wünschten.

Bald würde sie groß sein, kein Kind mehr, bald würde sie dem verlegenen Josef das Herz brechen und ins Leben durchstarten. Thomas' Herz wurde weit in der Sehnsucht, das mit ihr zu erleben und sie zu begleiten und für sie da zu sein. Endlich hatte Paula sich ausreichend verabschiedet und kam auf ihn zu. Gemeinsam schlenderten sie zum Ausgang. Paula sprudelte fast über, und Thomas hatte Mühe, in einer Atempause seinen Vorschlag unterzubringen: Er würde sich den Nachmittag frei nehmen, sie könnten bei ihrem Lieblingsitaliener eine Pizza essen, dann den Baum kaufen und noch auf den Weihnachtsmarkt gehen. Und dann kaufe ich ein Geschenk für Mama, spann Paula den Gedanken zu Ende. Sie freute sich. Wie immer schlug sie krachend die Tür des Autos hinter sich zu. Und Mama verraten wir nichts, sagte sie sehr zufrieden. Ja, sagte Thomas, Mama sagen wir gar nichts. Später vielleicht einmal, dachte Thomas, aber jetzt nicht, jetzt würden sie Weihnachten feiern, und es würde gut sein.

- Predigtlied

Freuet euch im Herren (EG 239, 1-3. 5) oder: O komm, o komm, du Morgenstern (EG 19)

- Fürbitten mit Ruf: Freuet euch, der Herr ist nahe!

Für alle, deren Herz voll Zweifel ist und die nicht wissen, wie es weitergehen soll, bitten wir um kluge Entscheidungen.
Alle: Freuet euch, der Herr ist nahe!

Für alle, die noch ganz viel zu erledigen haben und sich einem Berg von Aufgaben gegenüber sehen, bitten wir um Gelassenheit und Nachsicht mit sich selbst.
Alle: Freuet euch, der Herr ist nahe!

Für die Kinder und Jugendlichen, die nun Ferien haben, bitten wir um schöne und fröhliche Tage.
Alle: Freuet euch, der Herr ist nahe!

Für alle, die an den Feiertagen arbeiten, bitten wir um Freiräume, dass auch für sie Weihnachten werden kann.
Alle: Freuet euch, der Herr ist nahe!

Für alle, die ehrenamtlich engagiert sind, in der Bahnhofsmission, auf Krankenstationen, in der Vorbereitung von Krippenspielen, in Chören und an anderen Orten bitten wir, dass die Freude, die sie anderen machen, zu ihnen zurückkehrt.
Alle: Freuet euch, der Herr ist nahe!

Für alle, die an den Feiertagen schwierige Begegnungen vor sich haben, bitten wir um Geduld mit sich und anderen.
Alle: Freuet euch, der Herr ist nahe!

Für alle, die sich vor Weihnachten fürchten, weil ihnen ein Mensch fehlt, bitten wir um Trost und Halt.
Alle: Freuet euch, der Herr ist nahe!

Für alle, die sich einsam fühlen, bitten wir um Menschen, die ihnen ihre Wärme und Zeit schenken.
Alle: Freuet euch, der Herr ist nahe!

Für alle, die nur wenig Geld haben, bitten wir um die Zuversicht, dass es dennoch ein fröhliches Fest wird.
Alle: Freuet euch, der Herr ist nahe!

- Schlusslied: Tochter Zion (EG 13)

- Segen

Das Wachsen des Lichts im Dunklen,
Wärme, wo alles so kalt wurde,
Blüten inmitten des Frosts,
Rosen an Dornengestrüpp,
neues Vertrauen in deinen Zweifeln,
das Öffnen der Tür für dich
– damit segne dich Gott.

- Musik zum Ausgang

Teil 2: Weihnachten

1. Die Weihnachtsmaus – Familiengottesdienst an Heiligabend

- Musik zum Eingang

- Begrüßung zum Mitmachen

In jener Nacht von Bethlehem, da leuchten die Sterne so hell. Am liebsten möchte ich einen vom Himmel pflücken. Macht mal mit!

Alle strecken sich zur Decke aus, machen sich so groß, wie sie können und „pflücken" Sterne.

Draußen auf dem Feld waren viele Schafe. Wie gern möchte ich eines streicheln.

Alle machen fließende Bewegungen durch die Luft, als würden sie ein Schaf streicheln.

Engel bringen die große Neuigkeit: Jesus ist geboren. Wir helfen ihnen und sagen es weiter.

Alle begrüßen sich, in dem sie einander die Hand geben und dabei sagen: Jesus ist geboren!

- Lied: Stern über Bethlehem (EG Baden 551, 1-2)

- Gebet

Wer schon lesen kann, liest laut mit:

Die Kerze brennt, ein kleines Licht.
Es sagt zu mir: Fürchte dich nicht.
Gott, lass des Lichtes hellen Schein
in meinem Herzen immer sein.

- Die Weihnachtsgeschichte wird aus einer Kinderbibel vorgelesen.

- Lied: Ihr Kinderlein, kommet (EG 43, 1. 3-4)

- Predigt: Die Geschichte von der Weihnachtsmaus

Materialien
Stofftiere: Maus, Schafe, Katze, Vögel, Esel;
eventuell Erzählfiguren für Maria und Josef, ein Stall.
Mit einer starken Lampe kann gezeigt werden, welchen großen Schatten die kleine Maus wirft.

In einem Stall in der Nähe von Bethlehem wohnte vor langer Zeit eine kleine Maus.
Die kleine Maus war nicht das einzige Tier, das dort lebte.

Es gab viele Schafe, schwarze und weiße. Sie lebten auf einer Wiese in der Nähe des Stalls. Hirten gaben auf sie Acht. Wann immer die Schafe die kleine Maus sahen, blökten sie ärgerlich. Wir sind nützliche Tiere, sagte dann das ein oder andere Schaf. Wir geben Milch. Aus unserer Wolle werden warme Umhänge und weiche Decken gewebt. Du bist nur eine unnütze Maus. Und sie schlugen mit ihren Hufen nach der Maus.

Auf den Bäumen lebten Vögel. Sie sangen wunderschöne Lieder, wenn am Morgen die Sonne aufging. Wenn die Vögel die Maus sahen, stimmten sie ein Lied an. Sing doch mit uns, zwitscherten sie spöttisch. Aber die Maus konnte nicht singen. Sie konnte nur ganz leise fiepen.

Eine Katze wohnte auch in der Nähe des Stalls. Wann immer sie die Maus sah, versuchte sie die Maus zu fangen. Sie mochte Mäusebraten. Aber die Katze war schon alt und erwischte die Maus nie.

Inmitten eines kalten Winterabends wurden alle Tiere von einer seltsamen Unruhe ergriffen. Ein Wispern und Flüstern kam mit dem Wind zu ihnen geweht, es klang wie der Gesang vieler heller Stimmen. Die Schafe liefen schlaflos auf ihrer Weide umher. Die Katze schlich um den Stall, aber sie beachtete die kleine Maus gar nicht. Unruhig flatterten die Vögel auf den Zweigen mit ihren Flügeln. Es ging schon auf Mitternacht zu, da kam ein Schatten den Weg entlang. Es war ein Mann, der einen Esel führte. Auf dem Esel saß eine Frau. Sie hatte einen dicken Bauch. Sie würde bald ein Baby bekommen. Das Baby war schon auf dem Weg. Die Frau krümmte sich vor Schmerzen. Die Maus bekam Mitleid, als sie das sah. Wie gern hätte die Maus dem Mann gesagt, dass in der Nähe der Stall war. Dort würden die Frau und er ausruhen können. Die Wände hielten den kalten Wind ab. Es gab dort Stroh, in dem man bequem und warm liegen konnte. Aber die Maus wusste nicht, wie sie dem Mann das alles sagen sollte. Sie konnte ja nur fiepen. Schon war die kleine Gruppe am Stall vorbei gegangen, ohne ihn zu bemerken. Doch dann hatte die kleine Maus eine Idee. Sie lief so rasch sie konnte auf den Weg. Sie stellte sich auf die Hinterbeine, machte sich ganz groß. So wollte sie den Esel auf sich aufmerksam machen. Aber vielleicht wäre der Esel dennoch achtlos an der kleinen Maus vorbeigegangen, wäre in diesem Augenblick nicht ein großer Stern hinter den Wolken erschienen. Sein heller Schein fiel auf den Weg, so dass die Maus einen langen und großen Schatten warf. *(An dieser Stelle kann mit Hilfe der Lampe der große Schatten der kleinen Maus gezeigt werden.)*

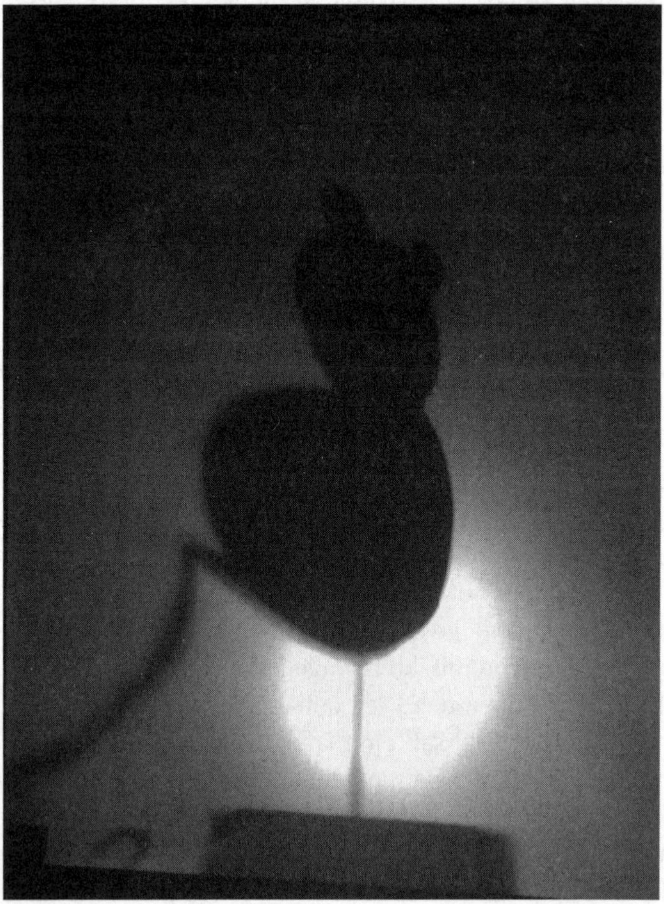

Im Licht des Sterns wurde der Schatten der Weihnachtsmaus riesengroß.

Der Esel sah das seltsame Schattenwesen vor sich auf dem Weg und bekam einen Riesenschreck. Erschrocken machte er kehrt und lief mit der Frau auf dem Rücken davon, genau auf den Stall zu. Der Mann lief hinterher. Aus der Ferne konnte die Maus sehen, wie er der Frau vom Rücken des Esels herabhalf und beide mit dem Esel im Stall verschwanden. Es dauerte nicht lange, dann war aus dem Stall das Schreien eines neugeborenen Kindes zu hören.

Was soll ich noch erzählen?
Vielleicht, dass in dieser Nacht im Stall wirklich das Jesuskind geboren wurde. Weil Maria kein Bett für es hatte, legte sie ihr Kind in eine Futterkrippe.

Vielleicht, dass die kleine Maus, als es Morgen wurde, in den Stall schlich und einen Blick auf das Kind warf. Danach konnte die Maus immer noch keine Wolle liefern wie die Schafe, Lieder zwitschern wie die Vögel und musste immer noch vor der Katze davon laufen. Aber sie zweifelte nie mehr daran, dass sie etwas Besonderes und geliebt war.

Vielleicht, dass Maria die kleine Maus nicht bemerkte – was sicherlich ganz gut war.

Vielleicht, dass die kleine Maus, als der Frühling kam, ein nettes Mäusemädchen traf und in kalten Winternächten seinen vielen Kindern und Kindeskindern von jener Nacht erzählte, als der Wind die Lieder von Engeln herantrug, ein heller Stern am Himmel erschien und das Kind geboren wurde.

Und dass es einer kleinen Maus zu verdanken ist, dass Maria und Josef den Stall fanden.

Das weißt du nun auch.

- Gedanken für Erwachsene

Vielleicht kennen Sie auch diese Stimmen. In der Geschichte gehören sie zu Tieren, aber meistens wohnen sie in uns selbst: Das kannst du nicht. Das traue ich mir nicht zu. Ich kann ja doch nichts ausrichten. Selbst vor Weihnachten machen diese Stimmen nicht Halt. Wir wünschen uns, dass die Botschaft der Engel wahr wird: „Friede auf Erden" und sehen, wie wenig wir tun können. Wir träumen von einem schönen Weihnachtsfest und haben es doch nicht in der Hand. Wie gut tut es da, wenn solch eine kleine Weihnachtsmaus des Weges kommt. Sie sagt uns: Tu das, was du kannst an Gutem, und es wird viel sein. Bleibe du selbst und es wird Menschen geben, die wollen dich genau so. Gib die Liebe, die du hast. Niemand kann sie an deiner Stelle geben. Du musst nichts tun. Mach nur dein Herz auf, damit das Jesuskind auch darin wohnen kann. Dann wirst du erfahren: Du bist etwas Besonderes, du bist geliebt.

- Lied und Aktion

Während die Erwachsenen „O Tannenbaum“[3] singen, schmücken die Kinder einen Baum mit Strohsternen.

Alle wünschen einander „Frohe Weihnachten“

Als Abschluss ziehen die Kinder und Erwachsenen zum Lied: „O du fröhliche“ (EG 44) durch die Kirche. Alle halten sich an der Hand, so dass eine lange Kette entsteht. Jede Halbe ist ein Schritt. Jeden zweiten Takt, also bei den Worten „fröhliche“, „selige“, „bringende“, „...zeit“ u.s.w. nehmen alle die Arme hoch, laufen dabei aber weiter.

- Segen

Freue dich, denn Gott hat dich lieb.
Freue dich, denn Gott sieht dich.
Freue dich, denn Gott braucht dich.
Mit der Freude der Engel und Hirten,
mit der Freude der Tiere und Sterne,
mit der Freude von Weihnachten segne dich Gott.

- Musik zum Ausgang

3 Text: Ernst Anschütz, Melodie: 18. Jahrhundert

2. Gottes Himmel ist bunt – Christvesper mit Krippenspiel

- Musik zum Eingang

- Begrüßung

Siehe, ich verkündige euch eine große Freude, die allem Volk widerfahren ist: Euch ist heute der Heiland geboren! Mit dieser Jubelbotschaft der Engel begrüße ich Sie, auch im Namen unseres Vorbereitungsteams, sehr herzlich. Uralt ist die Geschichte, auf die wir heute hören. Aber sie hat mit jedem und jeder von uns zu tun. Wir hören die Einladung Gottes, dass auch wir uns mit Hirten und Königen, mit Kindern und Suchenden auf den Weg zum Stall machen, um neue Kraft und Hilfe, Licht und Trost für unser Leben zu bekommen. Kommen Sie einfach mit, kommen Sie mit zum Stall, so wie Sie sind: müde oder sehnsüchtig, traurig oder voller Freude, voller Vertrauen oder voller Zweifel.

- Eingangslied: Herbei, o ihr Gläub'gen (EG 45, 1-2)

- Eingangsgebet

Gütiger Gott,
jetzt ist er da, der Heilige Abend.
Du weißt, was wir auf dem Herzen haben, was wir mitbringen, was uns beschäftigt.
Manche sind ganz müde und abgehetzt,
manche voller kribbelnder Vorfreude,
manche kommen mit ihrem Kummer,
mit Sehnsucht und mit Schmerz.
Manche kommen mit ihrem Glück.
Du weißt, wie es uns geht.
Und so wie wir sind rufst du uns zu dir.
Wir suchen dich Gott und bitten dich:
Lass dich finden!
Lass es auch in uns geschehen, das Wunder dieser Nacht.

- Lied: Herbei, o ihr Gläub'gen (EG 45, 3-4)

Krippenspiel: Gottes Himmel ist bunt

Materialien
Einfache Kulissen mit Stall und Krippe.

Kostüme: Engelskostüme aus weißen Bettlaken, weiße und bunte Flügel, Flügel in Regenbogenfarben für Leo. Kostüme für Maria und Josef, ein aus Pappmachée und Jutesäcken hergestelltes Kamelkostüm für zwei Personen, die Köpfe sind jeweils die Höcker, der Kopf des Kamels wird auf einem Stock von der ersten Person getragen.

Für die musikalische Ausgestaltung: CD mit James-Bond-Motiv, eventuell Fanfare, Schlagzeug, Solostimme.

1. Szene
Alle Engel sind versammelt. Darunter Leo mit bunten Flügeln.
Oberengel: Also, liebe Engel, bald ist es so weit. Unser großer Auftritt steht bevor. Jetzt habt ihr erst einmal Pause, bis das Startsignal ertönt. Dann müssen alle bereit sein.
Die Engel nicken und entfernen sich.
Oberengel: Halt, Leo und Hannah. Für euch habe ich noch eine besondere Aufgabe.
Zu Hannah: Du wirst der Engel sein, der den Menschen sagt, dass der Retter geboren ist.
Hannah: Boah! Wirklich? Was ist denn mit Gabriel? Der übernimmt sonst doch die Spezialaufträge.
Oberengel: Grippe.
Hannah: Krippe? Bewacht er den Stall?
Oberengel: Nein, Grippe wie krank.
Hannah: Ups, da wird sich aber einer die Flügel krumm ärgern.
Und wo muss ich da hin? Zum Herrn Kirchner (*Bürgermeister*)? Oder gleich in den Königspalast?
Oberengel: Nein, zu den Hirten.
Hannah: Hirten?
Oberengel: Ja, Mann, Hirten. Die sind in der Nähe vom Stall. Die sollen es als erste erfahren.
Hannah: Aha. Cooler Plan. Hirten.
Oberengel: Anordnung vom Chef.
Zu Leo: Für dich habe ich auch eine besondere Aufgabe.

Leo: Oh, super. Ich habe so viel geübt. Fanfare spielen *(Fanfare ist zu hören),* Singen *(Kostprobe erklingt)* – ich kann jetzt sogar trommeln *(Das Schlagzeug spielt ein Solo).*
Oberengel: Nein, es geht um etwas anderes. Bürodienst.
Leo: Häh?
Oberengel: Ja, Bürodienst! Irgendeiner muss oben bleiben und ansprechbar sein.
Leo: Ansprechbar? Für wen denn? Die sind doch alle unten.
Oberengel: Egal. Das ist Vorschrift.
Leo: Oh nee. Ich soll oben sitzen und das Telefon bewachen, während ihr unten alle euren Spaß habt?
Oberengel: Jep.
Leo: Das ist … das ist doch nicht der wirkliche Grund! Du willst mich nicht dabeihaben, weil dir meine Flügel nicht gefallen, stimmt's?
Oberengel: Na ja, Leo, sieh es doch ein. Alle Engel haben weiße Flügel. Deine sind bunt. Das stört doch das Gesamtbild. Das musst du doch einsehen. Das ist schließlich unser großer Auftritt. Davon werden die Menschen noch in Jahrhunderten reden!
Leo: Dem Boss gefallen meine Flügel. Sonst hätte er sie mir wohl kaum gegeben.
Oberengel: Also, dann ist das abgemacht. Du hast Bürodienst. Das ist mein letztes Wort! *(Der Oberengel geht ab)*
Leo: Bürodienst. Das darf nicht wahr sein.
Hannah: Das ist wirklich übel!
Leo: Der glaubt doch nicht wirklich, dass ich hier oben sitzen bleibe.
Hannah: Vielleicht fällt uns ja noch etwas ein…
Könntest du dich nicht irgendwie verkleiden? Wir sind so viele, das merkt doch keiner.
Leo: Hannah, du bist eine echte Freundin. So machen wird das!
Das Startsignal ertönt (Fanfare).
Hannah: Beeil dich, es geht los! *Leo geht ab; Hannah geht mit zunehmender Ungeduld wartend auf und ab.*

- Lied: Vom Himmel hoch, (EG 24, 1-3)

2. Szene

Leo kommt wieder.

Hannah: Äh, – und wo ist jetzt deine Verkleidung?

Leo: Ach so – ja: Hier! *Er zieht eine Sonnenbrille hervor und zieht sie auf. Die James-Bond-Melodie ertönt.*

Hannah (zweifelnd) : Sehr effektiv ...

Leo: Ja, nicht wahr? So erkennt mich keiner.

Hannah: Jetzt komm' endlich. Die anderen sind schon alle weg.

- Lesung des Weihnachtsevangeliums (Lukas 2, 1-5)

- Lied: Vom Himmel hoch (EG 24, 4-5)

3. Szene

Hannah: Oh, ist das dunkel hier. Da leuchte ich ja wie ein Weihnachtsbaum.

Wo müssen wir jetzt lang?

Leo: Da vorne sind Leute.

Hannah: Komm, wir verstecken uns.

Maria und Josef kommen vorbei. Josef setzt sich auf einen Schemel, Maria geht ein Stück weiter.

Hannah: He, das sind doch Maria und Josef.

Leo: Ja, aber was ist mit Josef los? Warum geht der nicht weiter? Der hält ja die ganze Geschichte auf. Die müssen doch in den Stall!

Hannah: Der sieht nicht so aus, als wolle er weitergehen. Leo, geh doch mal hin und schau nach, was los ist.

Leo: Ich? Wieso ich?

Hannah: Ja, soll's heute noch Weihnachten werden oder nicht? Ich leuchte doch wie eine Wunderkerzenfabrik beim Feueralarm. Wenn ich hingehe, kriegt der einen Riesenschreck. Deine Flügel sieht er vielleicht gar nicht im Dunklen – wenn wir Glück haben.

Leo: Na gut. *Leo geht zu Josef und setzt sich neben ihn.*

Hey, Josef! Warum sitzt du hier so allein im Dunkeln?

Josef: Ich weiß nicht, was die ganze Aktion eigentlich soll. Was mache ich hier eigentlich? Maria redet die ganze Zeit nur von ihrem Kind, das bald auf die Welt kommt und etwas gaaaanz Besonderes sein soll. Sie will mir weismachen, ein Engel habe ihr das gesagt. Ph, ein Engel!

Leo: Sag bloß!
Josef: Doch ehrlich. Ich glaube, das hat sie sich nur ausgedacht.
Leo: Wieso sollte sie sich so etwas ausdenken?
Josef: Ach, es ist komisch mit dieser Schwangerschaft. Ich sag`s dir im Vertrauen: Ich bin nicht der Vater dieses Kindes. Ich bin eigentlich total unwichtig in dieser Geschichte. Da kann ich auch hier hocken bleiben. Maria kommt schon klar.
Leo: Nein!
Josef: Was, nein?
Leo: Du irrst dich, Josef. Ich glaube ja schon, dass es nicht so normal läuft, nicht so, wie du es dir vorgestellt hast. Aber es muss doch nicht immer alles gleich sein. Dieses Kind wird doch Menschen brauchen, die für es da sind. Kinder brauchen doch Liebe! Schutz! Leute, die sich kümmern! Die ihnen Schulbrote schmieren, bei den Hausaufgaben helfen, zeigen, wie man auf Bäume klettert und wieder herunter kommt und die dafür sorgen, dass das Nutella nicht ausgeht. Glaub mir, da ist es nicht so wichtig, ob du der Vater bist oder nicht. Für dieses Kind bist du ganz wichtig. Und Maria – du liebst sie doch, oder?
Josef: Na ja. Ja!
Leo: Leider geht es nicht immer so easy und harmonisch zu wie in der Rama-Werbung. Dafür ist das, was du erlebst, richtiges, pralles, echtes Leben.
Josef: Rama? Meinst du dieses Kaff in Nordisrael?
Leo: Egal, vergiss es einfach. Wichtig ist: Das wird es immer wieder geben, dass Menschen für Kinder da sind, die nicht ihre eigenen sind. Später gibt es für solche Familien sogar ein Wort – wie hieß das noch?
Lukas: Patchwork
Leo: Danke, Kumpel.
Maria: Josef, kommst du endlich?
Josef: Ja, warte, ich komme. Danke, du hast mir wirklich geholfen. *Er geht Maria nach.*

- Lesung des Weihnachtsevangeliums (Lukas 2, 6-7)

- Lied: Lobt Gott, ihr Christen alle gleich (EG 27, 1-3)

4. Szene

Leo: Was machst du hier eigentlich ganz allein? Wer bist du?

Lukas: Ich bin der Lukas.

Leo: Kommst du aus Bethlehem?

Lukas: Bethlehem? Eher nicht. Ich komme aus Hemsbach.

Leo: Ah. In Baden ganz oben.

Lukas: Genau: Und du?

Leo: Ich komme von... noch weiter oben. Aber sag mal, was machst du hier im Wald? An Heiligabend! Allein! Stress zu Hause?

Lukas: Na ja, in letzter Zeit lief es nicht so gut. Schule ist stressig. Meine Eltern nörgeln immer rum. Die geben einfach nie Ruhe. Immer wollen sie mich anders haben als ich bin. Und jetzt an Weihnachten. Da kommen alle lieben Verwandten und da soll ich höflich und nett sein. Da wird ewig lang gegessen und langweiliges Zeug geredet. Viel lieber würde ich mit meinen Freunden chillen und Pizza essen.

Leo: Ich esse am liebsten Angel Wings. Aber das hilf dir jetzt auch nicht weiter. Tja, klingt so, als wären deine Eltern in dem Alter, in dem sie allmählich anfangen, ein bisschen schwierig zu werden.

Lukas: Kann man so sagen.

Leo: Aber Heiligabend hier alleine rumhängen ist auch nicht vergnügungssteuerpflichtig.

Lukas: Ja, es ist ganz schön kalt hier. Allmählich kriege ich auch Hunger.

Leo: Vielleicht kannst du ja mit deinen Eltern einen Deal machen. Heiligabend feiert ihr, wie deine Eltern sich das wünschen und du reißt dich ein bisschen zusammen. Unter der Verwandtschaft sind doch bestimmt auch ein paar nette Exemplare. Dafür machst du für den ersten Weihnachtstag ein paar Vorschläge – was du essen und unternehmen willst.

Lukas: Vielleicht Schlittschuhlaufen. Ob die Pizzeria auch an Weihnachten liefert? Also, hier ist es wirklich etwas einsam. Ich versuch's mal auf deine Tour. Frohe Weihnachten!

Leo: Frohe Weihnachten, Lukas!

- Lied: Lobt Gott, Ihr Christen, alle gleich (26, 4-6)

5. Szene

Das Kamel läuft durch den Altarraum, Engel Fideles hinterher.

Leo: Wenn ich gewusst hätte, wie stressig es hier ist, wäre ich doch lieber im Büro geblieben.

Hannah: Ich finde, du hast schon viel zur Rettung von Weihnachten beigetragen. Aber wo sind denn nun die anderen? Schau mal, da kommt Fidelis. Hallo, Fidelis, warum bist du so außer Puste?

Fidelis: Oh Mann. Ich hatte einen Spezialauftrag vom Oberengel. Ich sollte eigentlich aufpassen, dass die Heiligen Drei Könige den Weg finden. Aber dann hat das Kamel mich gesehen und ist vor meinem Glanz davongerannt. Zu blöd! Jetzt irrt es hier irgendwo durch den Wald!!! Immer wenn ich näher komme, rennt es wieder davon. Dieses blöde Kamel! Was mache ich denn jetzt?

Hannah: Vielleicht kann Leo es ja mal versuchen. Wir haben eben schon festgestellt, dass seine Flügel im Dunkeln gar nicht auffallen. Da kann er sich vielleicht an das Kamel anschleichen.

Leo: Jetzt noch Kamelflüsterer …Sonst noch was?

Fidelis: Jetzt mach voran, das Kamel muss her.

Leo: Na gut.

Leo geht suchend umher und „findet" das Kamel im angrenzenden Saal. Er führt es in die Kirche.

Fidelis: Oh, Leo, du bist ein Schatz, danke. Höchste Eisenbahn, ich glaube, die anderen singen schon:

Lied: Tochter, Zion, freue dich (EG 13)

Während des Liedes schlüpfen Maria und Josef in den Stall, sie werden von Hannah, Leo und dem Kamel verdeckt.

Lesung des Weihnachtsevangeliums (Lukas 2, 8-14)

6. Szene

Oberengel: So, sind wir endlich, ENDLICH so weit?

Engel kommen dazu und stellen sich vor den Stall; viele der Engel haben jetzt bunte Flügel.

Aber sagt mal, was ist das denn? Wie seht ihr denn aus?

Engel 1: Das ist viel schöner so! Wir wollen dieses Einheitsweiß nicht mehr.

Engel 2: Ja, und es passt viel besser zu meiner Handtasche!

Engel 3. Jetzt mal im Ernst, du Oberengel. Ich glaube, dass der Boss das genau so sieht. Schau dich doch mal um. Eine junge Frau aus Nazaret bringt den Retter zur Welt. Er hat keine Wiege, sondern liegt in einer Futterkrippe. Die Hirten, die ärmsten der Armen, mit denen keiner etwas zu tun haben will – die hören die gute Nachricht als erstes.

Oberengel: Ja, und?

Engel 2: Versteh doch – Gott will, dass Weihnachten für alle ist. Für die Fröhlichen, aber auch für die Traurigen.

Engel 1: Für die, die jetzt ganz erschöpft sind und die, die es kaum abwarten können.

Engel Fidelis: Für die Bibelleser und die Zweifler.

Engel 3: Für die, die aus der heilen Welt kommen und für die, denen die Welt zerbrochen ist.

Engel 1: Für die, die anders sind und anders leben.

Engel 2: Für alle schickt er seinen Sohn.

Hannah: Für alle soll Weihnachten werden.

Oberengel: Ja, Mann, ich hab's kapiert. Gut, ihr habt vielleicht Recht. Aber ich behalte meine weißen Flügel, klar? So, Hannah, du bist dran.

In der Kirche wird es ganz dunkel, nur ein Licht strahlt Hannah an. Sie wendet sich der Gemeinde zu.

Hannah: Hört gut zu, ihr Hirten. Hört gut zu, ihr Menschen von Hemsbach. Ich habe eine gute Nachricht für euch. Der Retter ist geboren! Habt keine Angst. Bleibt nicht fern. Kommt mit zum Stall nach Bethlehem!

Das Licht geht an. Die Engel geben den Blick in den Stall frei.

- Lied: Stille Nacht (EG 46)

Der Engel mit bunten Flügeln

• Gedanken

Wenn ich manchmal die Werbung vor Weihnachten sehe, dann kann ich den Eindruck bekommen, Weihnachten, das sei vor allem etwas für die Fröhlichen, für Familien, in denen alles heil ist. Die Engel sagen uns etwas anderes. Weihnachten ist für alle. Für die, die voller Vertrauen sind und die Zweifler. Für die Fröhlichen und für die Traurigen. Für die, für die alles gut ist und für die, denen die Welt zerbrochen ist. Weihnachten ist auch für die, deren Leben und Herz Risse bekommen hat und in deren Leben nicht alles heil ist. Gerade für sie ist Weihnachten, denn das Kind wird geboren inmitten des Dunkels. Aber die Hoffnung, die es bringt, hat die Kraft, das Dunkel zu verändern, damit es Tag wird. Hören wir darum die Botschaft der Engel als ein Wort an uns selbst: Es soll Friede werden auf dieser verdunkelten Erde. Und das andere: Fürchtet euch nicht. Darum lasst uns Weihnachten feiern als Menschen, die von Gott geliebt und gesegnet sind.

- Fürbittgebet

Gott, du Kind in der Krippe,
klein und wehrlos und uns ganz nah,
bitte berühre unser Herz,
verjag die Kälte, die Bitterkeit, das Gleichgültige,
lass Müde neue Kraft finden,
und Hoffnungslose eine neue Zukunft,
streu den Kindern Sternenglanz in die Augen
und lass Traurige neu die Freude finden.
Schuldige erheben neu den Blick,
Enttäuschte beginnen wieder zu träumen
und die, denen der Glaube zerbrochen ist,
sehen Engel an ihrem Weg.
Nimm unser Herz, Gott, und mach es neu,
hier am Wunder dieser Nacht, füll es mit Licht, füll es mit Liebe, füll es mit deinem Frieden.

- Vaterunser

- Abkündigungen

- Lied: O du fröhliche (EG 44)

Während des Liedes wird ein Weihnachtsgeschenk an die Kinder verteilt.

- Segen

Gott schenke dir einen Stern, der dich zum Wunder dieser Nacht führt,
er sende die Engel, die dir die gute Nachricht bringen:
Fürchte dich nicht.
Er fülle dein Herz mit Frieden,
Frieden für dich, Frieden für die Menschen um dich her,
Frieden für diese Erde.
So segne und behüte dich der barmherzige und der liebevolle Gott,
der Vater, der Sohn und der Heilige Geist.

- Musik zum Ausgang

3. In der Mitte der Nacht – Christmette

- Musik zum Eingang

- Eingangslied: Herbei, o ihr Gläub'gen (EG 45, 1-2)

- Votum

Durch die Dunkelheit sind wir hierher gekommen.
Es ist dunkel wie in jeder Nacht,
und doch ist diese Nacht nicht wie die anderen Nächte.
Diese Nacht ist eine besondere Nacht.
Diese Nacht hat ein Geheimnis.
Der Himmel hat sich geöffnet.
Gott ist Mensch geworden.
Eine Heilige Nacht.
Gott kommt zu uns. Ein Kind, neugeboren im Stall.
In das Dunkel der Nacht fällt das Licht.
Gott ist Mensch geworden.
Das feiern wir heute.
Im Namen des Vaters und des Sohnes und des Heiligen Geistes.

- Liturgischer Gruß

- Psalmgebet, *im Wechsel gelesen*

(1) Das Lied der Engel: Ehre sei Gott in der Höhe.
(2) Ja, Ehre sei dir. Wir singen dir Lob.
Wir loben dich für das Geheimnis dieser Nacht,
das auch unsere Herzen berührt.
Wir loben dich für das Licht,
das inmitten der Finsternis aufgegangen ist
und es hell macht bis in unser Leben hinein.
Wir loben dich für den Glanz des Festes,
der auch unsere Gesichter vor Freude strahlen lässt.
Ehre sei Gott in der Höhe.

(1) Das Lied der Engel: und auf Erden Fried

(2) Um diesen Frieden bitten wir
für unsere Erde, auf der die Finsternis noch so groß ist,
für Menschen, die heute auf der Flucht sind,
angesichts gemeinsamer Wege, die an ein Ende gekommen sind,
vor Begegnungen, die wir am liebsten vermeiden würden,
für Beziehungen, in denen Streit jede Besonnenheit unmöglich macht.
Frieden auf Erden.

(1) Das Lied der Engel: und den Menschen ein Wohlgefallen.

(2) Um Freude bitten wir dich
für die, deren Herz schon lange wie vereist ist,
die sich nicht freuen können, weil ein Mensch fehlt,
dass unser verzagtes Herz wieder Mut fasst,
jedes Kind das bekommt, was es braucht,
Kranke neue Kraft finden,
Sterbende die Hoffnung trägt, nach Hause zu kommen zu dir.
Und den Menschen ein Wohlgefallen.

- Gloria: Hört der Engel helle Lieder (EG 54)

- Eingangsgebet

Gütiger Gott,
diese Nacht ist eine besondere Nacht.
Ihre Stille birgt ein Geheimnis.
Im Rauschen des Windes höre ich das Gewisper von Engeln,
und die Sterne flüstern einander die gute Nachricht zu.
In der Unruhe der Kinder habe ich das Lachen der Hirten gehört
und zwischen den vielen Gesichtern
die suchenden Augen der Könige entdeckt.
Du bist geboren.
Du bringst ein Licht,
das auch uns erhellt,
das aufleuchtet in den fröhlichen Augen der Kinder,
in den Erinnerungen, die ein Lächeln hervorbringen und
in der Freude, die zaghaft beginnt.

In die Herzen, in denen es dunkel bleibt,
auch dort, wo kein Festtagslicht hinreicht,
lass es hell leuchten, dein Licht.

- Kyrie

- Gnadenzusage

Hört die Botschaft von Engeln: Fürchtet euch nicht. Siehe, ich verkündige euch eine große Freude. Euch ist heute der Heiland geboren! (Lukas 2, 10-11)

- Gloria

- Loblied: Freuet euch, ihr Christen alle (EG 34, 1)

- Tagesgebet

Jesuskind,
an diesem Abend kommen wir zu deiner Krippe
und bitten dich: Verändere auch unser Herz.
Stärke unsere Liebe.
Lass uns Mut fassen für unseren Weg.
Begleite und behüte uns.

- Lesung: Lukas 2, 1-5

- Lied: Es ist ein Ros entsprungen (EG 30, 1)

- Lesung: Lukas 2, 6-14

- Lied: Vom Himmel kam der Engel Schar (EG 2, 1-3)

- Lesung: Lukas 2, 15-20

- Lied: Kommet, ihr Hirten (EG 48)

- Predigt

Wie besonders ist diese Nacht. Als würde sich ein Fenster öffnen in eine andere Welt. Das Schwarz ist schwärzer als sonst. Die Sterne strahlen heller am Himmel. Die Stille ist tiefer. Die Stimmen von Engeln wehen im Wind heran.

In der Heiligen Nacht 1943 schreibt Maria von Wedemeyer an ihren Verlobten Dietrich Bonhoeffer. Sie schreibt über die tiefe, dunkle Nacht. Sie beschreibt, wie in der Stille Stimmen und Klänge in ihr wach werden. Die Toten sprechen zu denen, die sie zurückgelassen haben, Tote, die nun Engel sind. Die Nacht öffnet die Herzen. In dieser besonderen Nacht kann in all das Leid und die Not Friede einziehen.

Im Frühjahr des Jahres hatten sich die beiden schriftlich verlobt – kurze Zeit später wurde Bonhoeffer wegen seiner Mitarbeit in einer Widerstandsgruppe verhaftet. Weihnachten 1943 hat sich die Hoffnung auf eine baldige Freilassung zerschlagen. Dietrich und Maria hatten gehofft, sich Weihnachten in Freiheit umarmen zu können, ohne dabei von Gefängniswärtern beobachtet zu werden. Nun müssen sie auch Weihnachten getrennt feiern. Maria von Wedemeyer ist zu diesem Zeitpunkt gerade einmal 19 Jahre alt.

An ihren Verlobten schreibt Maria über die häusliche Weihnachtsfeier. Sie erzählt von der Ruhe, die zu ihr gekommen ist, als sie die Krippe angeschaut und ihren Kummer und ihre Gedanken ins Stroh gelegt hat, zum Jesuskind und vom Trost der vertrauten und lieben Weihnachtslieder.[4]

Maria schreibt das Weihnachten 1943: Ihr Vater war gefallen, ihr Bruder gefallen, ihr Verlobter inhaftiert. Wir werden am Ausgang des Gottesdienstes „O, du fröhliche" singen. „Welt ging verloren" – das war 1943 nicht einfach ein Liedvers, sondern die Wirklichkeit, in der die Menschen lebten. Und dennoch ging selbst damals von dem anderen, das ja auch wahr ist: „Christ ward geboren", eine große Ruhe aus. Da erschließt sich ein Ort, an dem wir all unsere Gedanken und Sorgen ablegen können.

In der Beschreibung Maria von Wedemeyers wird deutlich: Weih-

---

4 Der Brief von Maria von Wedemeyer vom 25.12.1943 ist nachzulesen in: Dietrich Bonhoeffer/Maria von Wedemeyer: Brautbriefe Zelle 92, hrsg. v. Ruth Alice von Bismarck/Ulrich Kabitz, München 1997, S. 104–107.

nachten hat nichts mit Weltflucht zu tun. Wir stellen Weihnachtsbaum und Krippe nicht auf, um eine künstliche Idylle zu schaffen. Es geht uns nicht darum, an Weihnachten für ein, zwei Tage heile Welt zu spielen. Wo man das versucht, da geht vom Weihnachtsfest keine Ruhe aus. Da ist zumeist nur Krampf und Verstellung. Wir stellen Weihnachtsbaum und Krippe auf, um einen Ort zu schaffen, an dem wir unsere Sorgen ablegen können, um einen Ort zu schaffen, zu dem wir kommen können, so wie wir sind, mit unseren Schwächen, mit unseren Grenzen, mit unserer Freude, mit unserer Sorge.

Ich bin immer wieder überrascht, dass das Weihnachten funktioniert, vielleicht nicht jedes Jahr, aber doch immer wieder: Die Tage vor Weihnachten sind mit großer Hektik gefüllt, und dann entfaltet dieses Fest doch eine Stimmung, die einem Ruhe schenkt.

Weihnachtsbaum und Krippe weisen uns den Weg zur Krippe von Bethlehem, zur Krippe Gottes. Von dieser Krippe Gottes geht eine große Ruhe aus: Gott selbst ist Mensch geworden – das befreit uns. Wenn Gott selbst Mensch wird, dann ist doch auch von uns nicht mehr verlangt, als schlicht Mensch zu sein. Wir müssen keine Heiligen werden. Es reicht, wenn wir Menschen sind. Wir sollen keine Übermenschen sein, wir müssen nicht alle Probleme dieser Welt auf unsere Schulter nehmen. Wenn Gott Mensch wird, dann sagt er Ja zum Menschen – und zwar zum konkreten Menschen mit seinen Grenzen und Schwächen. Ich muss nicht mehr aus mir machen als ich bin. Wenn ich meine, etwas übersteigt meine Kräfte, dann muss ich das nicht tun. Ich darf Mensch sein, dieser konkrete Mensch, der ich bin, mit dem was er kann – und der das, was er kann, verantwortlich tun soll – und mit dem, was ich nicht kann. Und ich darf mich in beidem – meinem Können und meinem Nicht-Können – geliebt wissen. Wie viele Sorgen, wie viele Gedanken fallen ab, wenn man das einmal realisiert hat. Vom Kind in der Krippe geht eine große Ruhe aus.

Wenn wir die Sorgen und Gedanken, die wir uns über uns selbst machen, an der Krippe ablegen, dann wird unser Blick frei für die anderen: gerade auch für die, die in Not sind. Wir sammeln deshalb nachher für Brot für die Welt. Aber Maria von Wedemeyer nimmt wahr: Es gibt noch eine andere Not, an die keine Kollekte heranreicht: den Tod. Trauer und Tod – das sind Geschwister. Und wer die Macht der Trauer erlebt hat, ihren grauen Schleier über das Leben zu legen, der fürchtet sich um die

Toten. Maria trauert um ihren Vater und ihren Bruder, aber sie stemmt ihrer Sorge um die Toten auch etwas entgegen. In der Nacht kommen die Toten zu den Lebenden, tröstend und schützend. Sie sind wirklich Engel geworden. Für Maria von Wedemeyer ist das kein Kinderglaube, sondern tragende Gewissheit.

Gerade an Weihnachten wandern die Gedanken zurück. Schmerzhaft vermissen wir liebe Menschen, die zu uns gehörten, mit denen wir – vielleicht noch letztes Jahr – Weihnachten gefeiert haben. Mitten in der Heiligen Nacht drängt sich die Frage nach unseren Toten auf. Deshalb kommt auch Maria von Wedemeyer in ihrem Brief auf die Verstorbenen zu sprechen. Wir brauchen diese Gedanken in dieser Nacht nicht verdrängen; wir dürfen auch mit unserer Trauer an die Krippe treten.

An der Krippe aber stehen wir nicht allein. An die Krippe sind vor uns und mit uns schon jene getreten, die wir heute so schmerzlich vermissen. Und manchmal fühlen wir wie Maria von Wedemeyer: An der Krippe, da sind die Verstorbenen immer noch bei uns. An der Krippe, da stehen sie mit uns zusammen: die Hirten von Bethlehem, Christen und Christinnen aller Zeiten und Weltgegenden, Menschen, die wir besonders geliebt haben.

Manche Familien bringen diese Gemeinschaft dadurch zum Ausdruck, dass in ihnen die Familienkrippe vererbt wird. Der Stall, die Figuren, das Kind in der Krippe stiften eine Gemeinschaft über Generationen hinweg. Aber auch hier liegt es nicht an unserer Inszenierung. Die Krippen in unseren Häusern weisen uns den Weg zur Krippe von Bethlehem, zur Krippe Gottes. Wir erkennen im Kind in der Krippe Gott selbst. Gott ist Mensch geworden, um das Verlorene zu suchen. Er geht den Einsamen hinterher, er sucht die Trauernden auf, er vergibt den Schuldigen. Er sucht aber auch die Verstorbenen auf. Gott gibt keinen verloren. Der Stern von Bethlehem leuchtet auch über unserer Vergangenheit. Der Stern über Bethlehem leuchtet über allen Menschen, die wir vermissen. In seinem Licht erinnern wir uns an all das Gute, was gewesen ist. Wo Schuld die Erinnerung belastet, da leuchtet nun der Stern mit seiner Botschaft. „Christ ist erschienen, uns zu versühnen".

Wir dürfen mit unserer Trauer und unserer Schuld an die Krippe treten. Das Kind in der Krippe, Gott selbst, will Trauer und Schuld von uns nehmen. Trauer und Schuld sollen der Dankbarkeit weichen, einer Dankbarkeit, die die Qual der Erinnerung in eine stille Freude verwandelt.

Für Maria von Wedemeyer ist die Nacht Zeit, in der Stimmen zu ihr sprechen, die im Alltag nicht zu hören sind. Die Stimmen der Verstorbenen, die Stimme des fernen Geliebten. Und auch die Stimme Gottes. Christus ist in der Nacht zu den Menschen gekommen, weil ihre Herzen dann verletzlicher und ihre Ohren feiner sind.

Die Nacht ist eine gefährliche und bedrohliche Zeit. Tagsüber trägt uns in der Regel der Alltag, erhellt die Sonne unser Gemüt. Wir schaffen es, Sorgen und Trauer zu verdrängen. Am Abend aber, in der Nacht, da sind wir unseren Sorgen und Erinnerungen ausgeliefert. 40 Fernsehsender, mit Satellitenschüssel unzählige mehr, sind ein einziger Versuch zu verhindern, dass Nacht wird. Wir ahnen, die Nacht ist eine gefährliche Zeit.

Darum wird Christus mitten in der Nacht geboren. Gott kommt nicht in einem Palast zur Welt, nicht dort, wo man meint, das Leben im Griff zu haben. Gott kommt dort zur Welt, wo die Verzweiflung groß ist, unter den Hirten, den sozial Ausgegrenzten, bei denen, die im Dunklen leben. „Gott will im Dunklen leben, und hat es doch erhellt" (EG 16, 5). Christus wird mitten in der Nacht, in einem Stall, bei den Hirten geboren – er wird dort geboren, wo es dunkel ist. Aber das Kind in der Krippe erhellt dieses Dunkel. Gott selbst tritt in das Dunkel dieser Welt ein – und macht so deutlich: Es gibt keine Dunkelheit, die stark genug wäre, uns von Gottes Liebe zu trennen. Vielleicht ist die Dunkelheit so schwarz, dass wir nichts von dieser Liebe Gottes erkennen. Aber auch die schwärzeste Dunkelheit kann nicht verhindern, dass wir die Botschaft der Engel hören, die den Hirten gesagt ist: „Euch ist heute der Retter geboren!". An dieses Wort sollen wir uns halten. Dann geht in der Tat vom Weihnachtsfest eine große Ruhe aus – und wir machen die Erfahrung: Nicht wir halten uns an dieses Wort, sondern das Wort „Euch ist heute der Retter geboren!" trägt uns.

Wenn wir nachher die Kirche verlassen, dann müssen wir wieder hinaus in die Nacht. Unsere Weihnachtsfeier führt uns nicht hinaus aus den Nöten und Lasten unsres Lebens, sie führt uns nicht ins Paradies. Auch wir müssen wie die Hirten wieder umkehren, zurück in die alten Verhältnisse mit all ihrem Druck, der uns wund macht. Aber – wenn uns nur die Weihnachtsfeier der Hirten geschenkt wird, wenn wir nur so zu hören und zu glauben vermögen: Der Retter ist da! Gottes Hand ruht wieder auf der Welt und lässt die Welt nicht mehr los!, dann darf es auch von uns heißen wie von jenen Hirten: nicht nur ‚sie kehrten wieder um' in all die bittere Not hinein, sondern auch ‚sie priesen und lobten Gott um alles, was sie gehört und gesehen hatten, wie denn zu ihnen gesagt war', mitten in allen persönlichen Nöten, mitten in der Nacht der Welt.

Dann kommt der Weihnachtsfrieden auch zu uns. Der Frieden, der höher ist denn alle unsere Vernunft.

- Lied: Ich steh an deiner Krippen hier (EG 37, 1-4)

- Fürbitten und Vaterunser

Lass den Stern aufgehen für die, die im Dunkeln sind,
für die, die an diesem Weihnachtsfest so deutlich die Wunden spüren,
die es in ihrem Leben gibt,
weil ein geliebter Mensch fehlt,
weil nichts mehr so ist, wie es einmal war.
Lass ihnen deinen Stern aufgehen, dass Licht auf ihren Weg fällt.

Lass den Weg zur Krippe finden alle,
die in ihrem Leben keinen Sinn und keine Richtung mehr sehen,
die sich fragen: Wozu das alles?
Die keinen Grund mehr finden, auf dem sie fest stehen können.
Lass sie zu deiner Krippe finden, dass sie dort gestärkt werden.

Lass das Loblied der Engel hören, die ganz erstarrt und verstummt sind
in ihrer Trauer, in ihren Sorgen, in ihrer Müdigkeit,
deren Leben nur noch aus Klage besteht.
Lass sie das Loblied der Engel hören, dass sie zur Freude finden.

Lass mit den Königen das Jesuskind finden all jene, die inmitten der Glitzerwelt, den vielen Geschenken, den Aufgaben, die sie bewältigen müssen,
nach der Mitte und dem Wunder von Weihnachten suchen.
Lass sie das Jesuskind finden, dass ihr Herz und ihre Gedanken Frieden finden.

Mit Hirten und Engeln an deiner Krippe versammelt beten wir:
Vater unser…

- Schlusslied: O du fröhliche (EG 44)

- Segen

Gott lasse dir einen Stern aufgehen,
der deinen Weg beleuchtet.
Gott lasse dich einem Engel begegnen,
der zu dir sagt: Fürchte dich nicht.
Gott lasse dich deinen Weg zur Krippe finden,
dass die Freude von Weihnachten
groß werde in deinem Leben.
So segne und behüte dich der allmächtige und barmherzige Gott, Vater, Sohn und Heiliger Geist.

- Musik zum Ausgang

4. Heilige Nacht – Gottesdienst am 1. Weihnachtstag

- Musik zum Eingang

- Eingangslied: Freu dich, Erd und Sternenzelt (EG 47)

- Votum

- Liturgischer Gruß

- Psalmgebet: Psalm 96 (EG Baden 750)

- Eingangsgebet

Gott, manche von uns sind wie die drei Könige,
sie folgen dem Stern ihrer Hoffnung hin zu dir,
manche von uns sind wie Josef,
der voller Zweifel war,
aber doch seinen Träumen vertraute,
manche sind wie die Hirten,
die ganz im Dunkeln saßen, voller Angst, voller Not,
manche von uns sind wie die Herbergsbesitzer,
zu geschäftig, zu unruhig, um das Wunder zu sehen,
manche von uns sind wie Maria,
ihr Herz öffnet sich weit, um das Licht einzulassen.
Wer wir auch sind, Gott, du kennst uns,
lass uns das Wunder deiner Geburt,
die Freude von Weihnachten in unserem Leben erfahren,
Zweifelnde und Vertrauende,
Frohe und Traurige,
Sehnsüchtige und Unruhige.

- Kyrie

- Gnadenzusage

Es wird ein Reis hervorgehen aus dem Stamm Isais und ein Zweig aus seiner Wurzel Frucht bringen. Auf ihm wird ruhen der Geist des Herrn, der Geist der Weisheit und des Verstandes, der Geist des Rates und der Stärke, der Geist der Erkenntnis und der Furcht des Herrn (Jes 11, 1-2).

- Gloria

- Loblied: Nun singet und seid froh (EG 35, 1)

- Tagesgebet:

Jesus, du bist geboren. Auch für mich. Gerade für mich.
Ein Menschenkind.
In diesem Kind kommst du mir ganz nah.
Du weißt, was Freude ist.
Wenn das Herz fröhlich springt und ganz schnell schlägt,
Purzelbäume macht.
Du weißt aber auch, was Kummer ist,
du hast die ganzen Sorgen und Lasten,
die Menschen mit sich herumtragen, zu deinen eigenen gemacht.
Du weißt, wie leicht das Herz Risse bekommt und die Gedanken ganz dunkel werden.
Das alles kennst du.
Du kennst auch mich.
Siehst mich, so wie ich jetzt zu dir komme
und hier sein will.
Das tut gut,
dass du mich siehst.

- Lesung: Lukas 2, 15-20

Kommet ihr Hirten, ihr Männer und Fraun. Kommet das liebliche Kindlein zu schaun!

- Lied: Kommet ihr Hirten (EG 48, 1-3)

- Predigt zu „Stille Nacht, heilige Nacht" (EG 46)

So hätte es heute auch sein können: Sie kommen erwartungsvoll und mit Vorfreude in die Kirche. Sie setzen sich in die Bankreihe, schlagen schon einmal das Gesangbuch auf. Die Glocken verklingen. In Erwartung auf das festliche und weihnachtsfrohe Aufbrausen der Orgel lehnen Sie sich zurück – doch dann kommt nichts. Die Orgel bleibt stumm. Sie ist leider kaputt gegangen.

Solch eine Situation reicht für eine Bewerbung um einen vorderen Platz in der Liste unliebsamer Weihnachtskatastrophen.

Manchmal geht es so richtig schief. Aber dann entsteht gerade durch die geschehene Katastrophe etwas Großartiges.

So ist es zumindest damals gewesen. Im späten Advent 1818 ging die Orgel der kleinen Kirche St. Nikola in Oberndorf bei Salzburg kaputt. Der Hilfspfarrer Josef Mohr musste sich etwas überlegen, um für die angemessene musikalische Gestaltung des Weihnachtsgottesdienstes zu sorgen. Schon einige Zeit vorher hatte er ein Gedicht geschrieben, das er geeignet für eine Vertonung fand. Er bat den Kantor und Dorflehrer Franz Xaver Gruber, eine Melodie und Gitarrenbegleitung für sein Gedicht zu komponieren. Was dieser auch tat. Zu Weihnachten 1818 erklang zum ersten Mal das Lied „Stille Nacht, heilige Nacht" in der kleinen Dorfkirche. Der Gemeinde hat das Lied auf Anhieb gefallen. Auch der Orgelbauer, der wenig später kam, um das Orgelpositiv zu reparieren, hörte das Lied. Es gefiel ihm so gut, dass er es mitnahm in seine eigene Gemeinde. So verbreitete sich das Lied immer mehr.

Heute wird das Lied „Stille Nacht, heilige Nacht" in allen Erdteilen gesungen. Kein anderes Weihnachtslied wurde in so viele Sprachen übersetzt. Keinem anderen Weihnachtslied ist es gelungen, sich in so vielen verschiedenen Kulturen zu beheimaten.

Manche Menschen schütteln darüber den Kopf. Sie verweisen auf die schlichte Theologie des Textes oder darauf, dass die Melodie wenig anspruchsvoll ist. Manchen scheint das Lied verbraucht und abgenutzt, Kaufhausmusik, die im Hintergrund dudelt, während Menschenmassen ihre Weihnachtseinkäufe erledigen.

Andere sagen: Wenn wir „Stille Nacht, heilige Nacht" singen – dann wird für mich erst so richtig Weihnachten. Weihnachten ohne dieses Lied, das geht gar nicht.

Vielleicht sind gerade diese gegenläufigen Erfahrungen der Grund für die besondere Faszination des Liedes. In den letzten Jahren ist jedenfalls der Wunsch gewachsen, mehr über seine Entstehung zu erfahren. Viele Geschichten ranken sich um das Lied.

Im Sommer 1914 sind Zehntausende junge Männer in den Krieg gezogen. Siegesgewiss versprachen sie ihren Familien an Weihnachten wieder zu Hause zu sein. Aber sie kamen nicht nach Hause. Weihnachten gingen Angst und Ernüchterung an den verfestigen Fronten um. An Abschnitten der Westfront in Flandern geschah Weihnachten 1914 etwas, was an ein Wunder grenzt. Ohne dass es verabredet, geschweige denn angeordnet gewesen wäre, legten vor allem britische und deutsche Soldaten ihre Waffen nieder. Sie teilten die Weihnachtsrationen, stellten Tannenbäume auf und sangen Weihnachtslieder. Historisch lässt sich nicht mit absoluter Sicherheit sagen, welche Lieder gesungen wurden. Aber es ist naheliegend, an das Lied „Stille Nacht, heilige Nacht" zu denken. Sowohl für Briten wie für Deutsche gehörte es zum Weihnachtsfest dazu. Sie konnten es gemeinsam singen. Die englischen und die deutschen Worte mischten sich im Niemandsland zwischen den Schützengräben. Ich stelle mir vor, das muss ein Gesang gewesen sein wie aus einer anderen Welt. Ob das Lied ein Trost war oder schmerzliches Heimweh und auch Verzweiflung ausgelöst hat? Wir wissen es nicht. Aber wir können uns vorstellen, dass viele es mit Tränen in den Augen und einem Kloß in der Kehle gesungen haben.

Wir singen es jetzt auch in der uns vertrauten Fassung.

Strophe 1 wird gesungen.

Mit einem Motiv von Einsamkeit beginnt das Lied. „Alles schläft, einsam wacht."

Es führt uns erst einmal in die Dunkelheit, zu Menschen, die in der Nacht mit ihren Gedanken und dem Alleinsein konfrontiert sind. Das ist schon ein besonderes alleine Sein, wenn man weiß: Ich kann jetzt niemanden anrufen, ich kann nicht einfach auf die Straße unter Menschen gehen. Alles schläft. Die Straßen sind menschenleer, die Fenster sind dunkel. Es ist die Einsamkeit, die Jesus im Garten Getsemane erlebt. Während er mit seiner Angst ringt, schlafen die Jünger ein. Es ist sicherlich auch die Einsamkeit mancher Weihnachtsnacht, in der Menschen ruhelos durch leere Wohnungen streifen, vielleicht Erinnerungen nachhängen. Es ist auch die Einsamkeit von Eltern, die zusehen, wie in den anderen Fenstern das Licht nach und nach verlöscht und die Menschen Ruhe finden, während sie ihr ruheloses, schreiendes Neugeborenes auf den Armen wiegen. Manche von uns werden sich noch an solche Nächte erinnern können. Da ändert sich auch nichts dadurch, dass dieses besungene Paar hochheilig und traut genannt werden darf. Sie sind Eltern eines schutzlosen Kindes, das in dunkle Zeit hineingeboren wird.

Diese erste Strophe offenbart auch die Absicht der schlichten Melodie. Es ist ein Schlaflied, wie Eltern überall auf der Welt es für ihr Kind singen. Eine einfache Tonfolge ohne große Sprünge, ein Wiegenlied. Wie alle Eltern schauen auch diese ihr Kind mit Augen der Liebe an. Schau nur: Ist es nicht schön? Hold. Und die Locken im Haar. Bestimmt von Oma Anna.

Strophe 2 wird gesungen.

Es ist, als würde ein Betrachter von außen auf die Szene blicken. Erst in den Stall, auf die Eltern und das Kind. Dann wandert der Blick weiter. Nicht weit vom Stall sind die Hirten, die auf die Schafe aufpassen. Sie erfahren es als erste: „Hirten erst kund gemacht“. Die Botschaft der Engel wird nicht in die Königspaläste getragen oder in die vornehmen Viertel der Reichen. Sie spricht in die Dunkelheit hinein, wo die Hirten sind, Menschen am Rand, Menschen, über die das Urteil schon gesprochen ist und über die gern getratscht und geklatscht wird. Die gute Nachricht richtet sich zuerst an die verloren gegangenen, an die, die durch das Netz gefallen sind, von der ersten Stunde an. Sie hören es als erste: Fürchtet euch nicht. Der Retter ist da. Die Stille Nacht ist jetzt gar nicht mehr so still, weil der Ruf weiter getragen wird. Auch zu uns dringt die Nachricht: Christ der Retter ist da. Wir sind dem Stall nicht nah, wir stehen weit weg, räumlich und zeitlich stehen wir in der Ferne und auch, weil wir nicht zum jüdischen Gottesvolk gehören. Aber die gute Nachricht hat auch uns in der Ferne erreicht. Darum können wir mit einstimmen in das Halleluja, in dem sich Engels- und Menschenstimmen mischen.

Strophe 3 wird gesungen.

Noch einmal wechselt der Betrachter und wir mit ihm die Perspektive. Wir schauen auf das Kind, und das ist schon mehr als Betrachtung, es ist Anbetung. Auch in dieser Strophe wird, wie in der zweiten, ein Ehrentitel für das Kind genannt: Gottes Sohn. In diesem Kind zeigt Gott nicht ein strenges, unnahbares Angesicht, sondern ein zugewandtes, ja fröhliches. Das Kind lacht, mit diesem Kind lacht Gott den Menschen zu. Sehr zart bringt die Strophe zusammen, was so schwer zusammen zu bringen ist: ein verletzliches Menschenkind, in die Dunkelheit hineingeboren, in dem sich Gott den Menschen zeigt und offenbart. Gott zeigt sich den Menschen als Liebender. Aus diesem Gesicht Gottes spricht Liebe.

In das Gesicht eines neugeborenen Kindes zu schauen ist wie eine Begegnung mit dem Leben selbst. Ungekannte Neuheit und uralte Weisheit sprechen aus den Augen neugeborener Kinder.
Ein Mann, der gerade Vater geworden ist, erzählt von diesem Erlebnis:

„Plötzlich musste alles sehr schnell gehen. Wir holen das Kind jetzt. Die Sauerstoffversorgung reicht nicht mehr aus. Ziehen Sie sich den Kittel über und kommen Sie in den OP. Sie können sich am Kopfende zu Ihrer Frau setzen." Jetzt ist alles vorbei, dachte ich. Das ist nun die Strafe dafür, dass wir der Natur ins Handwerk pfuschen wollten. Sie sind unfruchtbar – ein genetischer Defekt, war die lapidare Diagnose nach unserem jahrelangen unerfüllten Kinderwunsch gewesen. Weil meine Frau so drängte, hatte ich einer Samenspende zugestimmt. Seitdem plagte mich nur ein Gedanke: Werde ich das Kind lieben können wie mein eigenes?

Eine Viertelstunde später. Über dem Sichtschutz vor dem Bauch meiner Frau wird ein kleines zappelndes Menschlein hochgehalten. Sofort legt sich die Hektik im OP, in unseren Tränen löst sich alle Anspannung der letzten Jahre. Dann darf ich mit meinem Kind einen Augenblick allein sein. Wir schauen uns an. Die Zeit steht still – und alle meine Fragen sind beantwortet. Ich danke Gott und bete zum ersten Mal in meinem Leben ohne einen störenden Gedanken."[5]

Es gibt viele Geschichten, die davon berichten: Für die Menschen, die dem Jesuskind ins Gesicht sahen, veränderte sich etwas. Aus den Hirten,

---

5 Davis Grabow

denen das harte Leben nicht viel Freude ließ, wurden Menschen, die Gott priesen und auf Menschen zugingen, um die gute Nachricht weiter zu sagen. Schuldige finden im Blick des Kindes Lossprechung. Menschen, die kaum noch etwas fühlen konnten, wird plötzlich das Herz heiß. Im liebevollen Blick Jesu erkennen sie: Ich bin wertvoll. Ich bin geliebt. Ich bin gesegnet. Menschen verändern sich unter diesem Blick. Im Blick Jesu werde ich größer. Im Blick Jesu werde ich frei. Im Blick Jesu werde ich schön.

Mir kommt es vor, als würde der Betrachter der Krippenszene nun seine Augen erwartungsvoll auf mich richten und mich fragen: und du? Wer ist dieses Kind für dich? Ja, wer ist dieses Kind für mich? Welche Worte finde ich, um es zu beschreiben? Welche Namen ich ihm auch gebe, heute fragt mich das Kind, ob es Herberge bei mir findet. Ob ich mein Herz und mein Leben für es öffne. Heute begreife ich, dass das alles für mich ist: Stern und Stall und Engel und auch das Lied. Gott schaut mich an. Gott lacht mir Liebe zu.

Zum Abschluss werden weitere Strophen der ursprünglichen Fassung gesungen:

Stille Nacht! Heilige Nacht!
Die der Welt Heil gebracht,
Aus des Himmels goldenen Höh'n
Uns der Gnade Fülle läßt seh'n
Jesum in Menschengestalt!
Jesum in Menschengestalt!

Stille Nacht! Heilige Nacht!
Wo sich heut alle Macht
Väterlicher Liebe ergoß
Und als Bruder huldvoll umschloß
Jesus die Völker der Welt!
Jesus die Völker der Welt!

Stille Nacht! Heilige Nacht!
Lange schon uns bedacht,

Als der Herr vom Grimme befreyt,
In der Väter urgrauer Zeit
Aller Welt Schonung verhieß!
Aller Welt Schonung verhieß![6]

- Fürbitten

Guter Gott,
unterschiedlich erleben und feiern wir das Weihnachtsfest,
manche von uns erleben Harmonie und Geborgenheit in ihren Familien und mit Menschen, die ihnen wichtig sind,
manche haben es schwer miteinander, wägen jedes Wort ab, sehen jedem Familientreffen mit Bangen entgegen.
Manche feiern allein, und genauso ist es schön für sie.
Andere wünschen sich mehr Gemeinschaft und Zuwendung
oder es fehlt ein Mensch, ohne den es nicht Weihnachten werden kann.
Unterschiedlich feiern und erleben wir Weihnachten, gib uns allen deine Nähe und das, was wir brauchen, damit unser Herz sich öffnen kann.

Unterschiedlich feiern Menschen Weihnachten.
Wir feiern in Frieden und Sicherheit,
andere sind auf der Flucht und haben kein Zuhause mehr.
Wir genießen leckeres Essen, ein besonderes Festmahl,
andere hungern auch an diesen Tagen,
wir freuen uns an unseren Kindern, die sich über ihre Geschenke freuen,
andere bangen um ihre Kinder, dass sie sich anstecken könnten an tödlicher Krankheit.
Wir bitten dich, Gott,
lass die Botschaft der Engel „Friede auf Erden" groß und machtvoll werden,
fall den Gewalttätern in den Arm, mach die Zahl der Friedensstifter groß,
verändere Menschenherzen, dass alle genug haben an den Gaben
deiner Erde.

- Vaterunser

6 Text frei zugänglich, z.B. auf Wikipedia

- Schlusslied: O du fröhliche (EG 44)

- Segen

Gott lasse dich ein gesegnetes Weihnachtsfest erleben.
Gott nehme dir Sorgen und Angst und schenke dir neue Hoffnung.
Gott schenke dir die Fähigkeit zum Staunen über das Wunder der Geburt im Stall von Bethlehem.
Gott mache heil, was zerbrochen ist, und führe dich zur Versöhnung.
So segne dich Gott und schenke dir seinen Frieden.

- Musik zum Ausgang

5. Licht – Gottesdienst in leichter Sprache am 2. Weihnachtstag

- Musik zum Eingang

- Votum:

Wir feiern Gottesdienst.
Gott ist bei uns.
Gott kennt uns.
Gott hilft uns.
Amen: das stimmt.

- Lied: Alle Jahre wieder[7]

- Betrachtung des Weihnachtsbaums

Wir haben einen großen Weihnachtsbaum hier.
Wir haben den Baum gemeinsam geschmückt.
Mit Sternen aus Stroh *(zeigen)*,
mit roten Kugeln,
mit Engeln
und mit Lichtern.
Der Weihnachtsbaum ist sehr schön geschmückt.
Wir haben den Baum mit schönen Sachen behängt, weil Weihnachten ist.
Ich mag Weihnachten.
Ich mag besonders den Weihnachtsbaum und die Weihnachtsmusik.
Was mögen Sie an Weihnachten?

Alle sammeln, was an Weihnachten schön ist.

- Musik

7 Melodie: Friedrich Silcher, Text: Wilhelm Hey

- Die Weihnachtsgeschichte in leichter Sprache[8] wird vorgelesen.

Als Jesus geboren wurde, lebte ein Kaiser.
Der Kaiser hieß Augustus.
Kaiser Augustus wollte über die ganze Welt herrschen.
Dazu brauchte er viel Geld.
Darum sollten die Menschen viele Steuern bezahlen.

Kaiser Augustus sagte:
Alle Menschen sollen in einer Liste aufgeschrieben werden.
In der Liste kann ich sehen:
Haben alle Menschen die Steuern bezahlt?

Maria und Josef wohnten in Nazaret.
Maria und Josef mussten für die Liste bis nach Betlehem laufen.
Das ist ein weiter Weg.
Für Maria war der Weg sehr schwer.
Weil Maria ein Kind bekam.

Endlich waren Maria und Josef in Betlehem.
Es war schon sehr spät.
Maria und Josef suchten einen Platz zum Schlafen.
Aber alle Plätze waren besetzt.

Maria und Josef gingen in einen Stall.
Im Stall wurde Jesus geboren.
Maria wickelte Jesus in Windeln.
Maria hatte kein Kinderbettchen für Jesus.
Darum legte Maria Jesus in den Futtertrog für die Tiere.
Der Futtertrog heißt Krippe.

In der Nähe von dem Stall waren viele Schafe.
Und Männer, die auf die Schafe aufpassten.
Die Männer waren Hirten.
Gott schickte einen Engel vom Himmel zu den Hirten.

---

8 Das Bibelwerk: Evangelium in leichter Sprache

Der Engel sollte den Hirten sagen:
Jesus ist geboren.

Der Engel ging zu den Hirten.
Der Engel leuchtete und glänzte hell.
Die Hirten bekamen Angst.

Aber der Engel sagte zu den Hirten:
Ihr braucht keine Angst haben.
Ihr könnt euch freuen.
Jesus ist geboren.

Jesus ist euer Retter.
Jesus hilft euch.
Jesus will allen Menschen helfen.

Ihr könnt hingehen und gucken.
So sieht Jesus aus:
- Jesus ist ein kleines Baby.
- Jesus hat Windeln um.
- Jesus liegt im Futtertrog.

Und es kamen noch viel mehr Engel.
Alle Engel glänzten und leuchteten.
Die Engel sangen herrliche Lieder.

Die Engel sagten:
Jetzt können alle sehen, wie gut Gott ist.
Jetzt ist Friede auf der Erde.
Jetzt ist Friede bei allen Menschen, die auf Gott gewartet haben.

- Musik

Für gemeinsames Singen können Melodien bekannter Weihnachtslieder mit einem Text in leichter Sprache versehen werden.

Beispiel auf die Melodie von Stille Nacht (EG 46):

Weihnachten. Weihnachten.
Weihnachten ist ein schönes Fest.
Wenn wir jetzt zusammen sind,
freuen wir uns am Jesuskind,
das geboren ist, das geboren ist.

- Impuls

An Weihnachten gibt es ganz viel, was ich mag.
Ich mag den Weihnachtsbaum.
Ich mag die Geschenke.
Ich mag die Lichter.
Ich finde die Kerzen im Weihnachtsbaum schön.
Ich mag aber auch die Lichter, die in den Fenstern hängen.
Auch hier im Haus hängen Lichter in den Fenstern.
Wenn ich nach Hause komme und die Lichter in den Fenstern sehe, dann freue ich mich.
Ich freue mich, weil es schön aussieht.
Ich freue mich, weil die Lichter es hell machen.
Wenn ich nach Hause komme, ist es oft dunkel.
Mit den Lichtern ist es nicht mehr so dunkel.
Darum finde ich schön, dass wir an Weihnachten so viele Lichter haben.

In der Weihnachtsgeschichte ist es erst ganz dunkel.
Die Hirten auf dem Feld haben vielleicht ein kleines Feuer angemacht.
Aber sonst ist es dunkle Nacht.
Die Hirten sitzen im Dunkeln und passen auf die Schafe auf.
Die Hirten helfen, wenn ein Schaf ein Lamm bekommt.
Sie helfen, dass das Lamm gut auf die Welt kommt.
Die Hirten passen auf, dass kein Schaf wegläuft.
Sicher haben sie einen Hund, der auch aufpasst.
Der kann sogar im Dunkeln sehen.
Die Hirten nicht.
Es ist mitten in der Nacht, ganz dunkel.
Plötzlich wird es hell.
Es wird hell, weil ein großes Licht vom Himmel kommt.

Das Licht kommt von den Engeln.
Die Engel leuchten.
Sie bringen ganz viel Licht.
Die Hirten erschrecken,
so hell ist das Licht der Engel.
Doch die Engel sagen gleich: Ihr müsst keine Angst haben.
Die Engel erzählen den Hirten etwas Schönes.
Das Jesuskind ist auf die Welt gekommen.
Die Hirten gehen zum Stall und schauen das Jesuskind an.
Da werden sie ganz froh.
Die Hirten sehen, dass etwas von dem schönen Licht zu ihnen gekommen ist.
Manchmal haben wir Menschen auch etwas Dunkles in unserem Herzen.
Oder wir haben ganz dunkle Gedanken.
Wir machen uns Sorgen.
Wir sind traurig.
Wir fühlen uns allein.
Als das Jesuskind groß ist, sagt es:
Ich bin wie ein Licht. Ich möchte Licht in deinem Leben sein.
Mein Licht geht auch nicht aus.
Es ist immer da.
Bei dir.
Jesus sagt: Ich bin wie ein Licht. Ich bin immer bei dir.

- Lied: O du fröhliche (in leichter Sprache)

O du fröhliche, o du selige, uns froh machende Weihnachtszeit.
Jesus ist geboren.
Niemand geht verloren.
Freuet euch, freuet euch an Weihnachten.

O du fröhliche, o du selige, uns froh machende Weihnachtszeit.
Engel singen dir,
bringen dein Licht zu mir.
Freuet euch, freuet euch an Weihnachten.

- Gebet

Gott, wir freuen uns, weil wir Weihnachten feiern.
Danke für die Lichter.
Danke, dass wir zusammen sind.
Danke für das Kind, das heute im Stall geboren wird.
Jesus hat vielen Menschen geholfen.
Jesus bringt deine Liebe zu uns.
Wir bitten dich, dass du auf uns acht gibst,
Gib acht auf alle, die hier wohnen und hier sind.
Dass niemand fällt und sich weh tut.
Dass niemandem etwas Schlimmes passiert.
Dass niemand allein im Dunkeln sitzt.

- Segen

Gott ist bei dir.
Gott hilft dir.
Gott füllt dein Herz mit Freude und Licht.

- Musik zum Ausgang

Von der CD ist das Lied Jingle Bells zu hören, das alle mit Rhythmusinstrumenten, z.B. Chicken Eggs, begleiten.

In Anschluss an den Gottesdienst können alle mit geeigneten Farben Lichtbilder malen; diese werden in einer Ausstellung gezeigt.

6. Ein Faden von Gold – Gottesdienst am 1. Sonntag nach Weihnachten

• Musik zum Eingang

Am Eingang erhalten die Besucherinnen und Besucher mit dem Gesangbuch eine Kordel, die aus grünen, gelben, blauen, roten, schwarzen und goldenen Fäden geflochten wurde.

• Begrüßung

Herzlich willkommen in diesem Gottesdienst am ersten Sonntag nach dem Weihnachtsfest. Ein stiller Sonntag, ein schöner Sonntag, der noch den Zauber und das Geheimnis der letzten Tage nachklingen lässt. Diese Zeit nennt man gerne „zwischen den Jahren", früher auch Raunächte. Viele Menschen erleben diese Tage als eine Zeit der Stille und der Ruhe. Sie gehören dem Fest, das noch nachklingt. Wie köstlich ist diese Nach-Freude. Freu dich, Erd und Sternenzelt!

• Eingangslied: Freu dich, Erd und Sternenzelt (EG 47) – *in zwei Gruppen gesungen*

• Votum

• Liturgischer Gruß

• Psalmgebet: Lobgesang des Zacharias (EG Baden 778)

• Eingangsgebet

Guter Gott,
nun ist es stiller geworden um uns und in uns,
doch es ist eine leuchtende Stille,
sie atmet das Gewisper von Engeln,
sie leuchtet von dem verklungenen Jubellied:
Ehre sei Gott in der Höhe und Friede auf Erden,
eine Stille mit Flügelrauschen,
Liebesworten,
Geheimnis, das nun in meinem Herzen wächst.

- Kyrie

- Gnadenzusage

Höret die frohe Botschaft:
Es wird ein Reis hervorgehen aus dem Stamm Isais und ein Zweig aus seiner Wurzel Frucht bringen. Auf ihm wird ruhen der Geist des Herrn, der Geist der Weisheit und des Verstandes, der Geist des Rates und der Stärke, der Geist der Erkenntnis und der Furcht des Herrn (Jes, 11, 1-2).

- Gloria

- Loblied: Hört der Engel helle Lieder (EG 54, 1)

- Tagesgebet

Ja, dein Lob haben die Engel gesungen und von Frieden auf Erden. Lass diesen Frieden in unserem Herzen wohnen. Lass ihn da wirken, wo wir es schwer miteinander haben. Gib uns deinen Frieden und dein Licht für unseren Weg, für die Menschen, denen wir begegnen, für unsere Familien und auch für unseren Kummer, für unsere Not.

- Einleitung und 1. Impuls: Grün

Jedes Jahr neu erlebe ich diesen Sonntag nach Weihnachten als einen ganz besonderen Sonntag. Der Heilige Abend ist verklungen, aber der vielstimmige Gesang, das Halleluja von Engeln und die Aufregung der Kinder hallt noch nach. Still ist es geworden. Für viele klopft schon wieder der Alltag an die Tür. Die Nachbarn haben schon den Stern aus dem Fenster genommen. Im Supermarkt wird die Weihnachtsschokolade für die Hälfte verscherbelt. Da rückt Weihnachten schon in die Ferne. Manche sagen: jetzt erst recht! Jetzt, da die Stille eingekehrt ist, da kann so richtig Weihnachten werden. Zeit, noch einmal Plätzchen zu backen, Bratäpfel in den Ofen zu schieben und Weihnachtsmusik aufzulegen. Schließlich hat die Weihnachtszeit im Gang des Kirchenjahres gerade erst angefangen.

Von den Hirten haben wir im Weihnachtsevangelium gehört: Als sie das Kind gesehen hatten, „kehrten sie wieder um“ (Lukas 2, 20). Sie trugen die Botschaft von dem Kind weiter (2, 17).

Den Hirten ist es auch nicht anders gegangen als uns. Sie sind zurückgekehrt in ihr Leben, ihr Alltag hat wieder begonnen. Aber sie behielten in ihrem Herzen, was sie gesehen, gehört und erlebt hatten. Sie trugen es weiter.

Was bleibt von Weihnachten in meinem Herzen, wenn der Alltag wieder kommt?

Weihnachten gibt uns Fäden in die Hand, die wir weiterknüpfen können. Ich habe Ihnen heute etwas mitgebracht. Aus Wollfäden habe ich Ihnen eine kleine Kordel geflochten. Viele Farben habe ich verwendet. Jede Farbe hat etwas mit Weihnachten zu tun.

Da ist Grün. Grün ist die Wunderfarbe. Grün wächst neues Leben aus scheinbar totem Holz, Grün wächst frech zwischen den Rissen im Asphalt hervor. Grün wachsen Gras und Blumen, wenn der Winter vergeht. Ein neuer Zweig wird hervorbrechen, weissagt der Prophet. Grün ist Kraft, neue Lebenskraft, wo alles tot schien. Grün ist Widerstand. Grün ist der Weihnachtsbaum und der Adventskranz. „Du grünst nicht nur zur Sommerszeit, nein, auch im Winter, wenn es schneit." Grün steht für eine Hoffnung, die bestehen bleibt, auch wenn es kalt wird und die Umstände widrig werden. Wie sehr wünsche ich mir, eine Hoffnung zu haben, wenn der Weg schwer wird. Diese Hoffnung sagt: Nichts ist so festgelegt, dass es nicht auch eine Veränderung zum Guten geben könnte. Das Leben bleibt offen für überraschende Wendungen.

- Lesung: Jesaja 11, 1-9

- Lobspruch

Von seiner Fülle haben wir alle genommen Gnade um Gnade (Joh. 1, 16). Halleluja.

- Lied: Es ist ein Ros entsprungen (EG 30, 1-3)

- Impuls Rot

Rot ist die Warnfarbe. Wer über Rot geht, ist schon ein bisschen drüber. Hat zu sorglos mit dem Messer hantiert. Einmal zu viel gefoult. Ist dem

Feuer zu nah gekommen. Die Ampel überfahren. Rot setzt Grenzen. Rot markiert Verletzlichkeit, Gefahr und Grenzüberschreitung. Rot mahnt zu Achtsamkeit – mir und anderen gegenüber. Wie wohl tut diese Achtsamkeit auch in den anderen Rotbereichen meines Lebens – in der Liebe, damit wir, der geliebte Mensch und ich, die Menschen werden können, die in uns angelegt sind, die Menschen, als die wir gemeint sind. Das geht nur, wenn ich auf den anderen achte und auch auf mich selbst. Achtung vor dem Leben ist eine Rotschattierung. In der Verdrängung von Tieren und Pflanzen aus ihren Lebensbereichen, in der unbarmherzigen Massentierhaltung, in der rein ökonomischen Sicht auf Leben wird die Grenze überschritten.

Ich entdecke die Achtsamkeit auch in der Weihnachtsgeschichte. Ich sehe sie, wenn die Engel kommen. Ihren offenbar furchteinflößenden Auftritt bei den Hirten beginnen sie mit den Worten: „Fürchtet euch nicht". Sie achten die Grenze dessen, was sie den Hirten zumuten können. Diese Achtsamkeit finde ich auch bei Josef. Er gibt Maria und dem Kind viel Raum und nimmt sich selbst zurück. Im Achten auf die Menschen, die ihm anvertraut sind, übt er Selbstbegrenzung.

Diese Achtsamkeit anderen und mir selbst gegenüber nehme ich von Weihnachten mit. Mein roter Faden kann das werden.

- Impuls Gelb

Da ist Gelb. Das Volk, das noch im Finstern wandelt, sieht ein großes Licht (Jesaja 9,1). Inmitten der dunklen Zeit zünden wir Kerzen an und hängen Lichter in die Fenster, kleine Lichter, die etwas von dem großen Licht spiegeln. Gelb strahlt das Licht, das eines jeden Menschen Leben ist. Es flackert, es ist bedroht und kann so leicht verlöschen, aber es leuchtet. Zu Weihnachten spüren wir das. Die Herzwände werden durchlässig. Die dicke Haut wird dünner. Das Mitgefühl wird helle, hellsichtig. Weihnachten ist Zeit zum Üben, üben, Licht zu sein, damit das Licht auch dann noch leuchtet und wärmt, wenn Weihnachten geht.

Manche sagen, die Zeit im Advent und Weihnachten mache es ja auch leichter, auf das Herz zu hören. Da gibt es so viele Rituale, so viele Traditionen, so viel Besonderes, was nach innen führt und mitnimmt auf dem Weg, es gibt eine eigene Spiritualität von Weihnachten. Aber auch im übrigen Jahreslauf gibt es Hilfe. Das Lesen der Losungen am Morgen,

ein paar Minuten, um auf Gottes Wort zu hören und zu beten. Das Achten auf das Kirchenjahr. Die Einhaltung des Sonntags. Den hellen Blick auf das, was andere brauchen. Es gibt auch dann Lieder, Orgelbrausen und die Stille. Brot, das satt macht.
Von diesem Licht singen wir:

- Lied: Das Volk, das noch im Finstern wandelt (EG 20, 1-5)

- Impuls Blau

Da ist Blau. Farbe des Meeres, wo es ganz tief wird. Farbe des Himmels, wenn das erste Licht kommt. Das Blau erinnert mich an den Mantel der Maria. Maria trägt kein Königsrot, sie kommt aus einfachen Verhältnissen, sie trägt Blau. Eine Farbe voll Kraft und Lebendigkeit, mit der Maria ihre Gewissheit anstreicht, dass Gott kommt und sich einmischt. Gott hat die Hände im Spiel, wenn alles in Bewegung kommt, wenn die Mächtigen vom Thron fallen. Gott hat seine Hände im Spiel, wenn die Veränderungen meines Lebens kommen. Gelassen und gefasst kann ich sie annehmen, Blau gefasst. Maria trägt Blau. In künstlerischen Darstellungen wird ihr blauer Mantel zu einem Schutzmantel, unter dem Menschen Zuflucht finden. Wie gern berge ich mich in diesem schützenden Blau. Ich gehe behütet. Ich gehe geschützt.

- Impuls Schwarz

Ein Faden in der Kordel ist schwarz. Weihnachten wird im Dunkeln. Jesus wird in das Dunkel hineingeboren. Er wird in einem Land geboren, das unter Fremdherrschaft und der Gewalt der Besatzer leidet. Kaum auf der Welt, muss dieses Kind mit seinen Eltern fliehen. Die Weihnachtsgeschichte ist die Geschichte einer Flüchtlingsfamilie. Die Hirten kommen als erste, um das Jesuskind zu sehen. Sie kommen aus dem Dunkel eines harten Lebens, immer am Rand, immer an der Grenze, von anderen verachtet und gemieden.

Menschen feiern ein ganz stilles und ernstes Weihnachten.
Ein Mensch fehlt, ohne den es nicht Weihnachten werden kann.
Ein Mann erzählt mir: Ich hatte Angst vor dem ersten Weihnachtsfest ohne meine Frau. Sie hatte sonst immer für alles gesorgt, hat dem Fest Glanz verliehen. Weihnachten ohne sie war schlimm für mich. Aber es war schön, als die Enkelkinder da waren. So viel Kinderlachen im Haus.

Ein Paar erzählt: An Weihnachten könnten wir einander nicht mehr ausweichen. Da würde klar, dass wir einander nichts mehr zu sagen haben. Ein stilles und ernstes Weihnachten findet auf den Krankenstationen statt. Ich werde im Dunkeln geboren, sagt das Kind, damit du nicht allein bleibst in deinem.

Seit Weihnachten haben wir einen Begleiter an unserer Seite, der auf den dunklen Wegen bei uns bleibt.

Darum nehmen wir auch den dunklen Faden mit.

- Fürbitten

mit gesungenem Gebetsruf „Weil Gott in tiefster Nacht erschienen, kann unsre Nacht nicht endlos sein" (Kehrvers nach der 5. Strophe des Liedes „Weil Gott in tiefster Nacht erschienen", EG 56)

Manchmal, wenn ich Menschen begegne, die ein schweres Weihnachten erleben, dann sagen sie zu mir: „Bitte schließen Sie mich ein in Ihr Gebet. Es ist wohltuend, wenn ich weiß, jemand betet für mich." Es ist ein großes Geschenk für jemanden zu beten. Wir beten nun für Menschen, die es schwer haben in dieser Weihnachtszeit.

Guter Gott, wir bitten dich für Menschen, die dieses Weihnachtsfest als dunkle Zeit erleben:
Für den Witwer, der seine Frau vermisst,
tröste ihn mit der Zuwendung von Menschen, die geblieben sind,
für den Kranken, der auf seine OP wartet, die sein Leben retten kann,
dass er Zuversicht findet und ihn nachts keine Angstgedanken quälen,
für die Erschöpften, die zu müde sind, um sich zu freuen,
dass sie ausruhen dürfen und neue Kraftquellen finden,
für die Traurigen, dass es an jedem Tag etwas gibt, das ihnen etwas Licht bringt.

Wir rufen zu dir: *Weil Gott in tiefster Nacht erschienen, kann unsre Nacht nicht endlos sein.*

Jesus Christus, du warst selbst ein Flüchtlingskind, wir denken vor dir an Menschen, die dieses Weihnachtsfest an Orten erleben, die von Gewalt und Unrecht verdunkelt sind,

an die Flüchtlinge, die alles verloren haben,
dass sie zumindest ihr Leben retten können und ein neues Zuhause finden,
an unsere Glaubensgeschwister in Syrien, im Irak, im Libanon, dass sie wieder ohne Angst und in Sicherheit Gottesdienste feiern können,
für die Menschen in der Ukraine, dass die verstummen, die den Konflikt immer weiter anheizen und dass nicht mehr mit Waffengewalt und der Macht des Stärkeren über das Schicksal der Region entschieden wird.

Lass die Zahl derer, die sich nach Frieden sehnen und nach gewaltlosen Wegen suchen, immer mehr werden.

Wir brauchen die Friedensstifter so nötig.

Wir rufen zu dir: *Weil Gott in tiefster Nacht erschienen, kann unsre Nacht nicht endlos sein.*

Du Geist voll Licht, Leben und Fülle,
wir beten als Menschen, in deren Leben nicht alles heil und gut ist,
die Sorgen des Alltags drängen wieder heran,
wo wir es schwer miteinander haben,
wenn wir mit Bauchschmerzen an die Arbeitsplätze zurückkehren,
wo Uneinigkeit und Streit der Feiertage auf uns lasten,
vieles ungesagt und ungelöst bleibt,
da komm zu uns mit deinem Licht, das heil macht und wärmt.
Bleib bei uns mit deiner Liebe,
hilf uns zu guten Wegen.

Wir rufen zu dir: *Weil Gott in tiefster Nacht erschienen, kann unsre Nacht nicht endlos sein.*

In der Stille bringen wir die Namen der Menschen vor dich, an die wir heute besonders denken: ...

Diese Menschen und auch uns selbst vertrauen wir dir an, wenn wir gemeinsam beten:

- Vater unser...

- Abkündigungen

- Impuls Gold

Gold – ist das überhaupt eine Farbe? Sie steht für große Kostbarkeit, für das Besondere. In den Farbenstrang habe ich einen Goldfaden für Sie geknüpft. Er steht für diese ganz besonderen Augenblicke, in denen Gott uns nahekommt. Das kann auf ganz verschiedene Weise geschehen. In einem Wort oder Gedanken, den jemand uns sagt und damit wirklich etwas aufschließt, eine neue Perspektive oder einen neuen Weg öffnet. In einem Augenblick großen Glücks. Es ist, als würde der Himmel aufreißen, und es ist gut, und der Sinn des Lebens leuchtet auf. Gerade in der Liebe, unter dem Blick liebevoller Augen, als Liebende erleben wir das. Von Goldfäden erzählt die Weihnachtsgeschichte. Wo kommt mein Goldfaden wohl her? Ist er einem Engel aus dem Flügel gefallen? Spiegelt er den Glanz der Nacht, in der es plötzlich hell zu strahlen beginnt und die Dunkelheit weicht? Ist in ihm ein Funken Weihnachtslicht geronnen? Mein Goldfaden bewahrt etwas vom Glanz der Heiligen Nacht. Er umschließt die anderen Erfahrungen, das achtsame Rot, das lebenshungrige Grün, das bergende Blau, das frohe Gelb und auch das Schwarz, die dunkle Erfahrung, den Schmerz; in all das scheint etwas hinein von dem Goldfaden der Nähe Gottes.

Wie gut ist es, wenn wir auch diesen Faden weiter spinnen – in alles, was wir tun die Gewissheit der Nähe Gottes knüpfen.

Die Liebe weiter tragen.

Auf Gottes Segen vertrauen, der mit uns geht.

- Segen

- Lied: Oh du fröhliche (EG 44)

Teil 3: Jahreswechsel und Epiphanias

1. Auf der Schwelle – Gottesdienst zum Jahresende

- Musik zum Eingang

- Begrüßung

365 Tage dieses Jahres liegen nun hinter mir, hinter Ihnen, hinter unserer Gemeinde. 365 Tage Lebenszeit. An manche können wir uns gar nicht recht erinnern. Manche leuchten wie Lichtpunkte im Zeitenmeer, weil sie etwas Besonderes waren. Wir haben Zeit genutzt. Manchmal ist uns die Zeit auch unter den Händen zerronnen oder davongelaufen. Manche von uns haben Schweres erlebt, das noch heute belastet. Manche hatten ein gutes Jahr. Gott weiß es. In seine Hände legen wir, was dieses Jahr uns gebracht hat.

- Eingangslied: Herbei, oh ihr Gläub´gen (EG 45)

- Votum

Wir feiern Gottesdienst,
im Namen des Vaters, Anfang und Ende der Zeit,
im Namen des Sohnes, der uns freundlich durch unsere Tage geleitet
und im Namen des Heiligen Geistes, der uns immer wieder in ein erfülltes Leben ruft.

- Psalm 121 (EG Baden 765)

- Laudate omnes gentes (EG 181, 6)

- Eingangsgebet

Ich schreibe Neujahrswünsche an den Himmel.
Bescheiden sind sie nicht.
Ich wünsche mir Menschen, die mich lieben und verstehen
und auch dann zu mir halten, wenn sie mich nicht verstehen.
Ich wünsche mir, dass du sie behütest und auch mich nicht vergisst.
Ich wünsche mir Kraft für meine Tage und Aufgaben,
dass ich gesund bleibe, bitte ich dich.

Ich will nicht vergesslich werden
für all das Gute, das ich habe und das vielen anderen Menschen fehlt:
das Dach über dem Kopf, die warme Heizung,
Winterstiefel und warmer Mantel,
Brot im Korb und die roten Äpfel auf dem Tisch.
Polizisten, die sich nicht kaufen lassen,
sorgsame Lehrerinnen für die Kinder,
die Verlässlichkeit von Postboten und Zeitungsfrau,
Müllabfuhr und Fahrplänen
und so viele Menschen, die an ihrem Platz ihr Bestes tun.

Ich bitte dich, Gott, um die Wärme und Schönheit der kleinen Dinge,
das Leuchten des Schnees,
wie sich der Himmel verfärbt, wenn das erste Licht kommt,
das Schnurren der Katze, das gute Buch,
der Filmabend im Kino
und die erste Tasse Assamtee am Morgen,
das Spiel der Sonne an der Hauswand,
die erste Blüte am kahlen Zweig.

Nein, bescheiden sind sie nicht,
meine Neujahrswünsche.
Ich schreibe sie an den Himmel, Gott.
Du wirst sie lesen.

- Kyrie

- Gnadenzusage

Hört das Wort neuer Anfänge:
Denn siehe, ich will ein Neues schaffen, jetzt wächst es auf, erkennt ihr‘s denn nicht? (Jesaja 43, 19a)

- Gloria

- Loblied: Ich steh an deiner Krippen hier (EG 37, 1 und 3)

- Tagesgebet:

Gott, dieses Jahr legen wir zurück in deine Hände,
von dir haben wir sie bekommen, all die Zeit.
Wir schauen zurück.
Vieles hat uns dieses Jahr gebracht:
Freude und Glück,
Aufgaben, die uns ausgefüllt haben und manchmal auch eine Last waren,
Probleme, mit denen wir uns auseinandersetzen mussten,
Kummer und Leid,
Trennungen, die weh getan haben.
Schöne Augenblicke, Sonnentage, Augen, die uns liebevoll ansehen,
Worte voller Freundlichkeit und Wärme.
Was war, legen wir in deine Hand,
das Gelungene,
das Misslungene,
das nicht zu Ende gebrachte.
Aus deiner Hand nehmen wir das, was kommt.
Schenke uns Mut für neue Anfänge, Gott,
gib uns Kraft für unsere Wege,
Zuversicht, die trägt.

- Lesung: Jesaja 55, 6-11

- Lobspruch

Barmherzig und gnädig ist der Herr, geduldig und von großer Güte (Ps. 103, 8).

- Hauptlied: Der du die Zeit in Händen hast (EG 64)

- Predigt

Nur noch wenige Stunden, dann beginnt das Neue Jahr. Nur noch wenige Stunden, dann gehen wir über diese Schwelle. Schwellen trennen Räume voneinander. Schwellen trennen Zeiten. Schwellen markieren Übergänge vom einen zum anderen. Wir lassen Altes hinter uns und etwas Neues beginnt. Kein Wunder, dass Schwellen uns auch Mühe machen. Sie stehen dafür, etwas loslassen zu müssen. Solche Schwellen nehme ich auch in anderen Zusammenhängen wahr. Erwachsenwerden ist eine Schwelle, weshalb der 18. Geburtstag besonders aufwändig gefeiert wird. Oder der Schulabschluss. Beim Heiraten werden Frauen manchmal buchstäblich über die Schwelle getragen. Eine Schwelle ist auch, wenn die Kinder aus dem Haus gehen, ich die Stelle wechsle oder der Eintritt in den Ruhestand. Die Schwelle zum Neuen Jahr markiert, dass wieder Zeit vergangen ist, kostbare Lebenszeit und befragt uns, ob wir diese Zeit gut genutzt haben. Bei aller Fröhlichkeit und Geselligkeit nehme ich darum an diesem Übergang auch Ernst wahr. Auf jeden Fall widmen die meisten Menschen der Schwelle zum Neuen Jahr viel Aufmerksamkeit. Der Schritt über die Schwelle wird beachtet und meistens auch gefeiert.

Und wie feiern Sie Silvester? Können wir aus der Art, wie wir Silvester feiern etwas lernen und mitnehmen für die anderen Schwellen in unserem Leben ?

Silvester ist richtig schön für Gewohnheitstiere.

Der Abend wird eröffnet mit „Dinner for One". Gefeiert wird immer mit den gleichen Leuten. Das Essen ist auch immer das gleiche. Auch für den besonderen Moment, wenn es zwölf schlägt, gibt es feste Abläufe: Aufstellung nehmen vor dem Haus, Böller vorbereiten, übrigens dieselben wie im letzten Jahr, Sektflaschen öffnen, die letzten Sekunden des alten Jahres herunter zählen, anstoßen. Es hat Vorteile, ein Gewohnheitstier zu sein. Feste Abläufe nehmen der Schwelle ihren Schrecken und lassen den Übergang zu etwas Handhabbarem werden. Ich habe diese Schwelle schon im letzten Jahr und in den Jahren davor so bewältigt, das hilft mir auch in diesem Jahr hinüber.

Andere Übergänge im Leben geben uns weniger Möglichkeiten, feste Rituale anzusiedeln. Aber wenn ich vor einer Schwelle in meinem Leben stehe, dann hilft mir der Gedanke: Ich habe doch schon manchmal in meinem Leben Schwellen überquert. Wie habe ich das eigentlich gemacht? Was hat mir dabei geholfen? Welche dieser Strategien hilft mir jetzt?

Ja, wie feiern Sie nun Silvester? Mit festen Gewohnheiten? Auf jeden Fall aber in Gesellschaft? Es spricht vieles dafür, dass Menschen mit der Unterstützung anderer Menschen leichter über die Schwelle kommen.

Zu Jesus kommen eines Tages Männer. Sie bringen auf einer Trage einen Menschen, der nicht laufen kann, er ist gelähmt. Die Männer wollen den Kranken zu Jesus bringen, damit er ihm hilft. Aber das Haus ist überfüllt. Sie kommen mit dem Kranken nicht über die Schwelle. Da steigen sie auf das Dach, tragen die Dachmatten ab und lassen den Kranken auf diesem Weg zu Jesus hinab (Markus 2, 1-12).

Der Mann hat Glück. Er kann aus eigener Kraft die Schwelle des Hauses sowieso nicht überwinden. Aber er hat Freunde, die ihm helfen. Diese Freunde lassen sich sogar etwas einfallen, als der direkte Weg versperrt ist. Sie helfen ihm auf anderem Weg über die Schwelle. Über eine Schwelle zu kommen ist einfacher, wenn Menschen mir beistehen.

Die Freundin erzählt: Als ich mich von meinem Mann getrennt habe, da hatte ich Angst, dass meine Freunde es nicht verstehen und sich von mir abwenden würden. Aber meine Freunde haben zu mir gehalten, obwohl sie manches nicht verstanden haben. Sie haben mir beigestanden, als ich diesen schweren Schritt getan habe. Manche haben es sogar geschafft, mit uns beiden befreundet zu bleiben.

Der Schritt über die Schwelle wird leichter, wenn Menschen mir beistehen, bei mir bleiben und mich unterstützen.

Vielleicht sind Sie aber auch ein Silvesterverweigerer. Vielleicht feiern Sie ganz anders Silvester. Nämlich gar nicht. Sie gehen zu keiner Party und laden niemanden ein. Sie bleiben allein und für sich. Vielleicht verschlafen Sie sogar den Jahresanfang. Auch das ist ein guter, ein gelassener Weg, über die Schwelle zu kommen. Ich mache kein großes Gedöns, ich schenke dem Übergang nicht mehr Aufmerksamkeit als nötig, das Neue Jahr kommt, egal was ich tue. Jesus hat gesagt, jeder Tag möge für sich selbst sorgen. Dann wird wohl auch jedes Jahr für sich selbst sorgen. Gelassen gehe ich Schritt für Schritt weiter.

Oder gehören Sie zu den besonders Sorgsamen?

Macht euch nicht zu viele Sorgen. Jeder Tag, jedes Jahr, jede Zeit wird für sich selbst sorgen. Das können wir auch den besonders Vorsichtigen auf den Weg in diese Nacht mitgeben. Denen, die schon im Januar fertig geplant hatten, wie sie diesen Abend verbringen werden. Die das Chalet oder den Partykeller zwei Jahre im Voraus buchen. Die erst sorgsam die Gebrauchsanweisung durchlesen und die Schutzhandschuhe anziehen, bevor sie die Wunderkerzen anzünden.

Oder feiern Sie Silvester als einsamer Wolf bzw. einsame Wölfin?

Dann bleiben Sie für sich, Sie haben aber dennoch etwas vor. Steigen auf einen Berg, öffnen um Mitternacht einen Piccolo und schauen von Ferne auf das Feuerwerk. Vielleicht sind Sie jetzt einfach gern allein. Oder der Mensch, mit dem Sie gern in dieses Neue Jahr gehen würden, ist nicht bei Ihnen, und die Einsamkeit ist die einzige Möglichkeit, ihm zu begegnen, außerhalb von Raum und Zeit. Ich kann mir auch vorstellen, dass heute Abend manche in geselliger Runde sitzen und eigentlich lieber die Schneeschuhe anziehen würden, um auf den Berg zu gehen. Eigentlich lieber allein wären mit sich selbst und den Sternen und den Erinnerungen.

Falls Sie eine gute Entschuldigung für Ihr Verhalten suchen, können Sie sich auf jeden Fall auf die Bibel berufen. Jesus zieht sich in die Einsamkeit der Wüste zurück, bevor er seine Wanderschaft beginnt. Dann erst geht er über die Schwelle in ein Leben als Wanderprediger in der Öffentlichkeit. Elia zieht sich unter einen Ginsterstrauch zurück. Die Schwelle zum Weiterleben ist ihm zu hoch, müde geworden möchte er am liebsten sterben. Aber Gott kommt in die Einsamkeit. Engel dienten Jesus. Auch zu Elia kommt ein Engel und stärkt ihn mit Essen und Trinken, bis Elia wieder Kraft hat, weiter zu gehen. Vor dem Weg über die Schwelle in die Einsamkeit zu gehen, ist bestimmt nicht verkehrt. Falls jemand fragt, können Sie auf jeden Fall sagen: Hat Jesus auch so gemacht.

Heute Abend gehen wir über die Schwelle. Auf ganz unterschiedliche Weise. Geschützt und gestützt von lieben Gewohnheiten. Geborgen in der Gemeinschaft. Voll Sehnsucht, mit mir und Gott allein zu sein. Sorgsam. Gelassen. Voll Freude. Mit Kummer. Ich stehe an der Schwelle und ich gehe hinüber. Ein Weg in das Neue Jahr beginnt. Ich weiß nicht, was es mir bringen wird. Aber ich weiß: Es ist ein Weg, den Gott mit mir geht.

- Lied: Von guten Mächten (EG 65)

- Fürbitten, *dazu singen wir: Nun lasst uns gehen und treten (EG 58, 8-14)*

Gütiger Gott,
Menschen sind unter uns, die in diesem Jahr Schweres erlebt haben. Kummer und Sorge lasten immer noch auf ihnen.
Wir bitten für sie, dass sie inmitten des Kummers Menschen finden, die sie begleiten, Stille, die ihnen Kraft gibt, Worte, die sie neu hoffen lassen.
Für sie singen wir: *(Strophe 8)*

Menschen warten voll Sehnsucht darauf, dass ihre Situation sich verändert. Flüchtlinge suchen nach Zuflucht bei uns. Kranke warten auf ihre Genesung. Trauernde warten, dass ihr Herz wieder erwacht und sie Hoffnung fühlen lässt.
Für sie singen wir: *(Strophe 9)*

In vielen Ländern auf unserer Erde herrscht Krieg. Viele warten auf Frieden und einen neuen Anfang. Wir denken besonders an Afghanistan und an den Irak.
Für die Menschen dort singen wir: *(Strophe 10)*

Wir bitten dich für unsere Familien und für alle Menschen, die wir lieb haben. Es fällt uns oft schwer, uns über die Generationen hinweg zu verstehen. Wir denken besonders an die Kinder. Behüte und segne sie. Segne unsere Gemeinden, dass wir als ökumenische Gemeinschaft miteinander unterwegs sind.
Wir singen: *(Strophe 11)*

Wir bitten dich für alle, die sich einsam und verlassen fühlen und allein an der Schwelle zum Neuen Jahr stehen. Öffne ihnen die Augen für die Menschen, die für sie da sein wollen.

Wir bitten dich für alle, die ihre Macht und ihren Einfluss für ihre eigenen Zwecke missbrauchen. Wir bitten dich für die Hungernden und für die Armen, auch in unserem reichen Land.
Für sie singen wir: *(Strophe 12)*

Wir bitten dich für alle, die an Leib und Seele erkrankt sind. Hilf denen, die nicht herausfinden aus ihrer Trauer und Depression. Stelle ihnen Menschen zur Seite, die ihnen helfen und sie nicht allein lassen.
Für sie singen wir: *(Strophe 13)*

Wir bitten dich, dass dein Geist zu uns kommt und Raum findet in unserem Leben. Lass uns in der Kraft des Heiligen Geistes leben, der Liebe ist und Liebe tut.
Wir singen Strophe 14.

- Vaterunser

- Schlusslied: Weil Gott in tiefster Nacht erschienen (EG 56)

- Abkündigungen

- Segen

- Musik zum Ausgang

2. Engel für Alltage – Gottesdienst am Neujahrstag

- Musik zum Eingang

- Begrüßung

„Hilf, Herr Jesu, lass gelingen, hilf, dass neue Jahr geht an; lass es neue Kräfte bringen, dass aufs neu ich wandeln kann. Neues Glück und neues Leben wollest du aus Gnade geben (EG 61, 1)."

Mit dieser Strophe des ersten Liedes, das wir gleich zusammen singen werden, begrüße ich Sie herzlich in diesem Gottesdienst. In seinen Worten klingt an, was auch uns am Anfang eines neuen Jahres beschäftigen mag:

- die Bitte um neuen Mut, wo wir es schwer haben und Kummer und Sorgen uns beschäftigen
- die Bitte um Kraft für das, was wir uns vorgenommen haben und die Aufgaben des Alltags
- die Bitte um Glück und neue Anfänge
- die Einsicht, dass all dies Geschenk und Gnade ist
- und die Gewissheit, dass wir einen Gott haben, zu dem wir mit unseren Bitten kommen können

So stimmen wir miteinander ein in das Lied!

- Eingangslied

Hilf, Herr Jesu, lass gelingen (EG 61, 1-2. 5-6)
(auf die Melodie von „Tut mir auf die schöne Pforte", EG 166)

- Votum

- Liturgischer Gruß

- Psalmgebet nach Psalm 121

Ich hebe meine Augen auf zu den Bergen:
Woher kommt mit Hilfe?
Meine Hilfe kommt von dir, Gott.

Du hast Himmel und Erde gemacht.
Du wirst meinen Fuß nicht gleiten lassen.
Du behütest mich und schläfst nicht.
    Du, Gott Israels, wirst nicht müde
    und schläfst nicht ein.
Du behütest auch mich.
Du gibst mir Schatten und stehst mir zur Seite.
    Bei Tag wird mir die Sonne nicht schaden
    noch der Mond bei Nacht.
Du behütest mich vor allem Bösen.
Du behütest mein Leben.
    Du behütest meinen Ausgang und Eingang
    von nun an bis in Ewigkeit.

- Eingangsgebet

Das neue Jahr ist ein aufgeschlagenes Buch,
viele Seiten, neu und weiß,
unbeschriebene Blätter.
Hier wird Platz sein für Aufgaben und Arbeit,
die zu tun ist,
dass sie mit Sinn gefüllt ist und oft mir auch Spaß macht,
bitte ich dich.
Hier ist aber auch Platz für den Schnee am Morgen,
für die Stille, wenn das Licht kommt
für viele Tassen Tee und Sonnenstunden,
für das Zeitung lesen und ein neues Buch,
für Spaziergänge im Wald
und Liegen unter deinem Himmel,
wenn der erste Stern aufgeht,
und für Menschen, vor allem für sie,
Platz auf den Seiten,
Gott, für dich.

- Kyrie

- Gnadenzusage

Gott sagt es uns zu für unseren Weg. Ich bin bei dir. Darum fürchte dich nicht. Darum lasst uns Gott loben und singen:

- Gloria

- Loblied: Lobt Gott, ihr Christen alle gleich (EG 27, 1 und 6)

- Tagesgebet

Du Gott aller Zeiten,
du weißt, wo wir neue Anfänge nötig haben,
in unseren Beziehungen,
in den Urteilen, die wir so leicht fällen,
im Umgang miteinander und in der Sorge für uns selbst.
Du weißt, wo wir neue Anfänge brauchen,
hier auf deiner Erde, die zu ersticken droht,
hier in unserer Gesellschaft, in der wir einander oft allein lassen.
Gib uns den Mut zum Aufbruch,
zum neuen Anfang,
mit dir an der Seite gehen wir vertrauensvoll in das Neue Jahr.

- Lesung: Lukas 4, 16-21

- Lobspruch

Christus spricht: Himmel und Erde werden vergehen, aber meine Worte werden nicht vergehen (Mt. 24, 35).

- Glaubensbekenntnis

- Hauptlied: Fröhlich soll mein Herze springen (EG 36, 1. 7-9)

- Predigtimpuls (alternativ Predigt zur Jahreslosung)

Es ist schon etliche Jahre her, aber ich weiß es noch genau. Es war nach Weihnachten, das neue Jahr stand vor der Tür, da kam er in einem unförmigen Päckchen bei mir an. Als Absender war die Adresse meiner besten Freundin vermerkt. Und als ich alle Knoten gelöst und die widerspenstigen Tesabahnen zerschnitten hatte, rollte mir ein Engel entgegen. Ein Engel. Sollte das ein arg verspäteter Weihnachtsgruß sein, irgendwo hängen geblieben in den Katakomben der Deutschen Bundespost? Überhaupt, der Engel sah reichlich merkwürdig aus. Bei einer Bewerbung um die Aufnahme in die oberen Himmelschöre hätte er es schwer gehabt, angenommen zu werden. Zerrupft war er und ziemlich rundlich, Flügel hatte er nur ganz kümmerliche und ein Instrument spielte er offenbar auch nicht. Seine Bekleidung bestand aus einem alten Paar Jeans mit Löchern. Einen alltagstauglichen Engel habe sie mir schenken wollen, so stand es auf der beiliegenden Karte. Sein Auftrag sei, mich zu begleiten, wenn nun nach der Ruhe der Weihnachtszeit das Neue Jahr begann. Ein Engel für Alltage.

Jahrelang stand der Engel auf meinem Schreibtisch, schaute hinaus aus dem Fenster, in Regen und Schneeflocken, und er schwitzte mit mir in der Augusthitze. Er überstand unzählige Umzüge von einer Studentenbude in die nächste, bis er eines Tages genug hatte von dem Erdenleben, vom Tisch rollte und zerbrach. Ich beerdigte ihn im Altglasbehälter und stellte mir vor, dass er fortan seinen Dienst im Himmelschor antreten würde. Ich betrauerte ihn aufrichtig. Doch er hatte seinen Auftrag offenbar erfüllt. Ich vergaß nie, was er mir hatte sagen wollen.

Wie schnell ist die Weihnachtszeit verflogen; mit dem neuen Jahr pocht der Alltag an die Tür. Hirten, Ochse, Esel und Engel werden in Kartons verpackt und auf dem Speicher verstaut. Aber sie wollen es anders, sie wollen mit uns gehen, Begleiter wollen sie uns sein, wenn der Alltag längst wieder begonnen hat, und die Erinnerung an die frohe Botschaft von Weihnachten wieder verblasst. Im Alltag wollen sie uns daran erinnern, dass Weihnachten nicht nur ein schönes Fest ist, das eben vorbei geht, sondern dass das Geheimnis und das Schöne dieser heiligen Zeit hineinstrahlt in unser neues Jahr und in unser Leben. Gerade jetzt, da das neue Jahr beginnt, denke ich gern daran: „Von guten Mächten wunderbar geborgen, erwarten wir getrost, was kommen mag." Die Engel zeigen uns Gottes helfende und heilende Nähe an. Sie erinnern uns daran, dass einer mit uns geht, durch die Höhen und Tiefen, durch die Sonne und durch die Dunkelheit. Nicht nur an Weihnachten, sondern gewiss an jedem Tag.

- Predigtlied: Von guten Mächten (EG 65, 1-2. 5-7)

- Fürbitten

Wir beten zu Gott, der auch dieses Jahr in seinen Händen hält.
Für unseren Glauben, dass er jeden Tag neu trägt.
Für unsere Liebe, dass sie nicht aufhört.
Für unsere Hoffnung, dass sie uns durch schwierige Zeit trägt.
Für die Menschen, die wir lieben und die uns anvertraut sind, dass Gott sie beschützt.
Für Menschen, die in Not und Verzweiflung sind, dass sie Hilfe erfahren.
Für unsere Gemeinde, dass sie auf dein Wort hört und danach handelt.
Für alle Konfessionen in unserer Stadt, dass wir das Gemeinsame stärken und miteinander unterwegs sind.

In der Stille bringen wir vor dich, was uns zu Beginn des Neuen Jahres besonders beschäftigt:

- Stille

- Vaterunser

- Schlusslied: Vertraut den neuen Wegen (EG 395)

- Abkündigungen

- Segen

Der Herr segne dich in dem neuen Jahr, das vor dir liegt.
Der Herr behüte dich in allem, was auf dich zukommt
und was du dir vornimmst.
Der Herr lasse sein Angesicht leuchten über dir,
er schaue freundlich auf deine Wege.
Der Herr sei dir gnädig.
Er mache etwas aus dem, was dir gelingt und aus dem, was dir misslingt.
Der Herr erhebe sein Angesicht auf dich,
auf deine Wünsche und Hoffnungen.
Der Herr gebe dir Frieden,
deinem Land, deiner Familie, deinem Herzen.

- Musik zum Ausgang

3. Gott hat seinen Engeln befohlen, dass sie dich behüten auf all deinen Wegen (Psalm 91, 11) – Gottesdienst am 2. Sonntag nach Weihnachten

- Musik zum Eingang

- Eingangslied: Es ist ein Ros entsprungen (EG 30, 1-4)

- Votum

- Liturgischer Gruß

- Psalmgebet in zwei Gruppen mit gesungenem Ruf „Der Morgenstern ist aufgedrungen" (EG 69, 1)

Ruf (Chor, Solostimme oder Gemeinde):

Der Morgenstern ist aufgedrungen,
er leucht' daher zu dieser Stunde,
hoch über Berg und tiefe Tal,
vor Freud singt uns der lieben Engel Schar.

(1) Du Gott des Lichtes, ich preise dich,
vom Aufgang der Sonne bis zum letzten Licht des Tages,
denn du bist das Morgenlicht und der Abendstern.
Ich danke dir für die Ruhe der Nacht
und das Licht dieses neuen Tages.
Alles hältst du in deiner Hand.

Ruf: Der Morgenstern ist aufgedrungen

(2) Du bist die Kraft in allem, was lebt,
richte uns auf und stärke uns.
Du bist Mantel, Schutz und Schirm,
sendest deine Engel, uns zu behüten.

Ruf: Der Morgenstern ist aufgedrungen

(1) Du stehst den Traurigen bei,
gibst Trost denen das Herz schwer ist,
Kraft den Schwachen und müde Gewordenen.
Lege dein Licht in unsere Herzen und Gedanken
am Anfang des neuen Tages.

Ruf: Der Morgenstern ist aufgedrungen

- Eingangsgebet

Gott, du bist der Schöpfer von Sommer und Winter,
wie verändert die Welt ist, wenn der Schnee kommt,
wie sich mein Leben verändert, wenn ich auf dich vertraue und nicht auf meine eigene Kraft.
Mit dem Schnee kommt die Stille,
diese besondere Stille, in der ich auf deine Stimme lauschen kann,
der Schnee deckt die Erde zu,
die sich ausruht und neue Kraft sammelt,
um Samenkörner und Blumen wachsen zu lassen,
wie auch meine Seele neue Kraft sammeln muss,
damit ich wachsen kann.
Sanft wie die Schneeflocken, die auf mein Gesicht fallen,
so sanft ist deine Nähe,
die mich nicht drängt, nicht bedrückt,
aber so freundlich zeigt: du bist da für mich.
So wie der Schnee Sträucher, Blumen und Bäume einen Mantel umlegt,
hüllst du mich ein in deine Nähe und Liebe.
Ja, mit deiner Nähe und Liebe,
fülle du mein Herz.

- Kyrie

- Gnadenzusage

Gott bleibt bei uns auf dem Weg. Hört auf seine Zusage:
Denn Gott hat seinen Engeln befohlen, dass sie dich behüten auf all deinen Wegen (Ps. 91, 11).

- Gloria

- Loblied: Hört der Engel helle Lieder (EG 54, 1)

- Tagesgebet

Gib uns die Kraft des Schnees.
Eine Schneeflocke ist so winzig,
und doch verändert der Schnee alles und macht die Welt ganz anders und neu.
Gib uns den Mut der Vögel.
Sie warten sehnsüchtig auf das Ende des Winters
und singen doch ihr Lied.
Gib uns die Geduld der Blumen.
Sie schlafen in der Erde, sie trotzen der Kälte,
um zu neuem Leben zu erwachen.
Herr, wenn es in uns kalt ist, dunkel und voll Sehnsucht,
gib uns die Kraft des Schnees,
den Mut der Vögel,
die Geduld der Blumen.

- Lesung: Lukas 2, 41-52

- Lobspruch

Wir sahen seine Herrlichkeit, eine Herrlichkeit als des eingeborenen Sohnes vom Vater, voller Gnade und Wahrheit (Joh. 1, 14).

- Glaubensbekenntnis

Ich glaube an Gott,
die am Anbeginn der Zeit die Erde gebar,
das Licht, das Feuer, die Farben, die Nacht
und noch heute, alles was ist, ins Leben ruft.
Ich glaube an Gott,
der das Jubellied des Lebens
in alles Lebendige legt,
in das Schreien und Plappern der Säuglinge,
in das Rauschen des Windes
und in die Stille des Schnees.

Ich glaube an Jesus Christus,
der die Kleinen zu sich rief und sie segnete.
Den Kleinsten und Schwächsten hat er
das Himmelreich versprochen.
Ich glaube an Jesus Christus, der uns nahe ist,
schon wenn unser Leben winzig klein beginnt
und der die Freude unseres Lebens
und seinen Schmerz mit uns teilt.

Ich glaube an den Heiligen Geist,
der uns den Widerstand lehrt
gegen die unheiligen Geister unserer Zeit.
Ich glaube an den Heiligen Geist,
der uns die Schönheit der Erde zeigt
im Staunen der Kinder
und der nicht aufhört, das Lied des Lebens in uns zu singen
gegen alle Mutlosigkeit und Angst.

- Hauptlied: Also liebt Gott die arge Welt (EG 51, 1. 3-4)

- Predigt zum Engelorchester

Der Engelchor ist eine Patchworkfamilie.

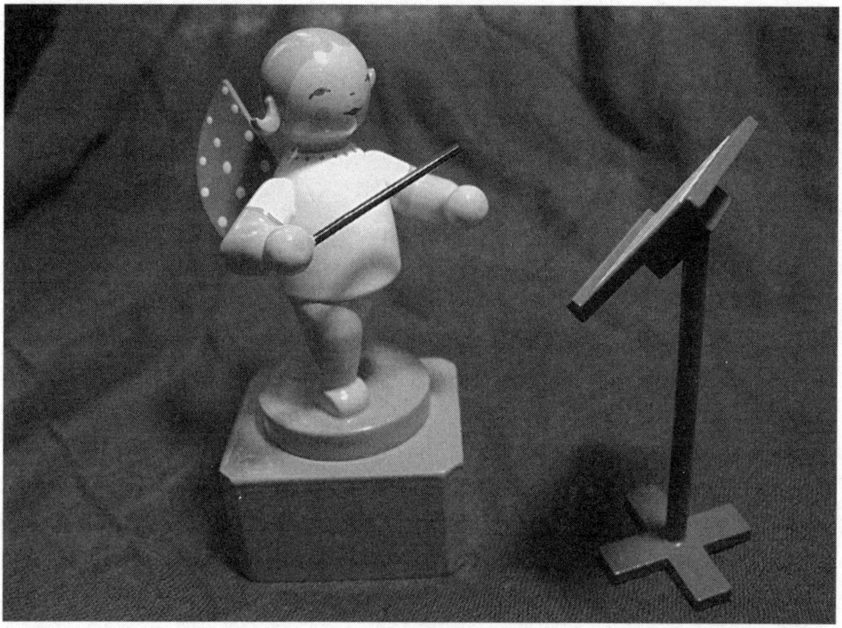

Der Engel vorne traut sich etwas zu.

Jedes Jahr im späten Advent stelle ich meinen Engelchor auf. Es gibt keine feste Regel, aber es kommt jedes Jahr ein Zeitpunkt, meistens ein später Nachmittag, und ich denke: Jetzt müssen die Engel her. Sie haben auch keinen festen Ort, standen schon auf der Kommode, im Flur und in diesem Jahr auf dem Klavier. Unbewusst habe ich wohl gedacht, dass ihre musikalische Expertise meine Tochter dazu beflügelt, öfter Klavier zu üben. Das hat zwar nicht geklappt, aber sie stehen gut da.

Mein Engelchor ist eine Patchworkfamilie. Ich habe ihn schon so geerbt. Die meisten Engel kamen aus der damaligen DDR zu uns, als Jahresendzeitfiguren deklariert und als Dankeschön gemeint für die wirklich umwerfenden Weihnachtspakete, die meine Mutter im frühen Advent auf die Reise dorthin geschickt hatte.

Der Engelchor bleibt lange stehen. Meistens räume ich ihn erst Ende Januar wieder in den Karton. Dann denke ich daran, dass ich ihn erst Ende des Jahres wieder aufmache, im nächsten Advent. Was wird dann wohl sein? Wer werde ich sein? Das Aufstellen des Engelchores erinnert mich in jedem Jahr daran, wie viel sich wieder verändert hat – und dass auch ich mich wieder verändert habe. Das vergangene Jahr hat wieder Begegnungen, Erlebnisse und Erfahrungen in mein Leben gelegt, die mich verändert haben. Das wird wohl auch im nächsten Jahr so sein. Ich frage mich: Können die Engel mir vielleicht helfen in den Veränderungen? Was geben sie mir mit in das neue Jahr? Plötzlich schaue ich sie mit ganz neuen Augen an.

In diesem Jahr waren wir im Sommer im Erzgebirge. Das war das erste Mal, dass ich mir einen Engel selbst gekauft habe. Den Dirigenten nämlich. Der fehlte. Aber ein Engelchor ohne Dirigent? Der menschgewordene Engelchor, der heute auf der Empore für uns singt, kann das sicher verstehen: Manchmal braucht man jemanden, der sich vorne hinstellt und alles zusammenführt. Der bereit ist, die Leitung zu übernehmen. In der Kirche und in unseren Gemeinden sprechen wir ungern von Leiten und Führen. Wir verstehen unsere Aufgaben doch eher als Dienst. Trotzdem wünsche ich mir das für das neue Jahr: Menschen, die bereit sind, zu leiten. Es ist manchmal bequemer und einfacher, sich in der zweiten Reihe zu sehen und die anderen machen zu lassen. Nicht jeder und jede kann sich vorne hinstellen und den Laden zusammenhalten. Aber ich wünsche mir in unseren Gemeinden mehr Mut, dass Menschen ganz bewusst Verantwortung und Leitung übernehmen. Wenn das nicht geschieht, entsteht schnell ein ungutes Vakuum. Oder es sind immer dieselben, die schon all zu viele Aufgaben tragen. Ich will auch darüber nachdenken, was leiten in der Kirche eigentlich bedeutet. Ich habe oft den Eindruck, dass gerade Menschen, die zögern und sich nicht selbstverständlich für geeignet halten, sehr gute Dirigenten sind. Sie bringen etwas mit, was unbedingt gebraucht wird: Demut. Die Fähigkeit, anderen zuzuhören. Und ganz genau hinzusehen, was gebraucht wird. Dieser Engel macht uns Mut, uns nach vorne zu trauen und uns von Gott Aufgaben anvertrauen zu lassen.

Auch diesen Engel schaue ich mir in diesem Jahr besonders genau an. Den habe ich nämlich doppelt. Das heißt: Einer spielt die erste Geige. Und dieser spielt die zweite Geige. Das gehört nämlich auch zu den Veränderungen: Ich erlebe sie nicht allein. Wir erleben sie als Familie, als Freundeskreis, als Gemeinschaften, in denen Menschen einander wichtig sind, auch als Gemeinden. Wie wichtig ist da der Gedanke: Es geht nicht nur um mich. Ich kann mich auch einmal zurücknehmen, mich

Manchmal braucht man die Fähigkeit, sich zurück zu nehmen.

begrenzen, die zweite Geige spielen – aus Liebe zu den anderen. Wie wichtig ist auch diese Fähigkeit inmitten der Veränderungen.

Manchmal begegne ich Familien, die mit dem Verlust eines Familienmitgliedes fertig werden müssen und auf sehr verschiedene Art trauern. So verschieden, dass es sie voneinander trennt.

Manche wollen und können nicht reden. Manche wollen ständig darüber reden. Manche gehen jeden Tag ans Grab. Manche machen einen großen Bogen um den Friedhof. Ich denke, es ist gut, wenn es bei aller berechtigter Unterschiedlichkeit auch Orte gibt, an denen Betroffene gemeinsam trauern können. Dann hilft eine klare Verabredung: Am Geburtstag des Verstorbenen treffen wir uns abends, machen eine Kerze an und schauen Fotos an. Wer was erzählen möchte, kann das tun. Oder: Am Sonntag gehen wir gemeinsam zum Grab und bringen Blumen hin. Ich muss meine eigene Art zu trauern dann ein Stück zurücknehmen, damit wir uns in der Mitte treffen können. Das gilt in vielen Zusammenhängen: wie ich mit anderen rede, wie ich es verstehe zuzuhören. Ob ich es schaffe, nicht immer gleich zu wissen, was für den anderen gut ist und ihm meinen Rat um die Ohren zu schlagen. Vielleicht auch nicht gleich helfend bei zu springen und die Sachen zu regeln, bevor jemand anderes auch nur Luft holen kann – sondern die anderen mit einzubeziehen. Davon geigt uns heute die zweite Geige was vor.

Es ist eine Kunst, den richtigen Moment zu erwischen.

Auch dieser Engel hat mir etwas zu sagen an der Schwelle des neuen Jahres. Er spielt Triangel. Wer Triangel spielt, hat eine besondere Gabe: den richtigen Moment zu erwischen. Das muss sitzen, es muss passen. Manchmal weiß ich nicht, was gerade dran ist. Nach vorne drängeln, klar sagen, was ich will und was ich brauche? Oder mich eher zurücknehmen. Dann brauche ich den Engel mit der Triangel und seine Kunst, den richtigen Moment zu erwischen und der Weisheit zu entscheiden, was nun dran ist.

Sei, wer du bist!

Auch dieser Engel gibt mir eine Botschaft mit ins Neue Jahr. Er spielt ein wirklich ungewöhnliches Instrument: ein Kontrafagott. Das ist ein Instrument, das wirklich selten in einem Orchester vorkommt. Der Engel käme öfter zur Geltung, wenn er umsatteln würde: Geige, Flöte oder auch nur das normale Fagott sind öfter zu hören. Aber dieser Engel bleibt sich und seiner Besonderheit offenbar treu. Sei wer du bist, so höre ich seine Botschaft. Versuch es doch im neuen Jahr, öfter die zu sein, die du bist. Da schwingt ganz Elementares mit: Tu nicht so, als wärst du gesund, wenn du krank bist. Triff dich nicht mit anderen, wenn du eigentlich allein sein willst. Versuche nicht freundlich zu sein, wenn du dich eigentlich ärgerst. Sei dir selbst treu. Das geht vielleicht nicht immer. Aber doch vielleicht immer öfter.

Sogar für einen Unmusikalischen ist Platz.

Über diesen Engel staune ich eigentlich ganz besonders. Er ist ja offenbar völlig unmusikalisch, oder sehen Sie ein Instrument? Was macht der eigentlich da? Ich finde, es gehört schon ein bisschen Frechheit und Mut dazu, ohne Instrument in einem Engelorchester aufzukreuzen.

Ich schaue ihn mir genauer an: Ist das nicht wunderbar, dass dieser Engel da ist? Dass er sich in ein Engelorchester traut, obwohl er offenbar noch nicht mal Blockflöte spielt?

Gerade aus diesem Jahr nehme ich den Eindruck mit, dass in unseren Gemeinden die Einsicht gewachsen ist, wie bunt und verschieden Menschen in einer Gemeinde sind: verschiedene Glaubensstile, Lebensumstände, Unterschiede auch in unseren Begabungen. Die Diskussion über Inklusion als Thema der Kirchengemeinde und des Bezirks haben uns die Erkenntnis gebracht, dass unterschiedliche Menschen eben auch ganz Verschiedenes brauchen und dass wir verschiedene Modelle benötigen, die nebeneinander bestehen können. Die Sprache im Gottesdienst ist Sprache einer bestimmten Gruppe, schon sie schließt manche aus. Schließt auch unsere Botschaft Menschen aus? Unsere Räume? Wie gehen wir mit Menschen um, die anderes brauchen als das Normale oder was wir als normal ansehen? Dieser Engel gibt mir Aufmerksamkeit für solche Fragen mit und den Wunsch, neue Wege zu gehen.

Diese Engel im Engelorchester sind mir wunderbare Begleiter im Neuen Jahr. Welchen Engel brauchen Sie?

Vielleicht den Kontrabassisten? Wo alles immer schneller gehen muss, spielt er ein ruhiges Tempo, das in die Tiefe führt.

Oder den Engel mit der Harfe, dessen Töne so fröhlich perlen wie Silvestersekt im Glas? Weil wieder mehr Freude und Leichtigkeit ins Leben kommen will?

Oder der Engel mit der Posaune, weil es Zeit ist, nicht mehr leise zu treten, sondern Klartext zu reden?

Welchen Engel brauchen Sie? Wo finden Sie sich wieder im Engelorchester?

Vielleicht denken Sie manchmal: Auf mich kommt es nicht so an. Ich spiele nicht die erste Geige. Ich platze nicht mit lauten Trompetensoli heraus. Das Konzert könnte auch ohne mich stattfinden.

Aber so ist es nicht.

Gott sieht es anders. In dem großen Loblied, das die ganze Schöpfung ihm singt, fehlt ihm etwas, wenn dein Lied verstummt, wenn gerade dein Ton fehlt. Es gibt etwas, das kannst nur du tun. Da gibt es keine B-Besetzung, die einspringt, wenn du ausfällst. Nur du kannst dein Leben leben. Nur du kannst deine Liebe geben. Nur du kannst im Gelingen und im Scheitern deinen Weg gehen, weil er nur für dich bestimmt ist. Vor Gottes Angesicht bist du unvertretbar.

Wir gehen über die Schwelle des Neuen Jahres. Schwellen machen Mühe. Wir können mit Zuversicht gehen. Wir gehen als Menschen, die

Gott sieht, die ihm kostbar sind und unverzichtbar, wir gehen als Geliebte und Gesegnete.

- Lied: Von guten Mächten treu und still umgeben (EG 65, 1. 5-7)

- Fürbitten

Gott des Himmels und der Erde,
wir bitten dich, dass das Jubellied der Engel,
ihre frohe Botschaft mit uns geht,
wenn der Alltag wieder kommt.

Der Alltag der Welt.
Krieg, Flucht, Gewalt.
Und mitten hinein immer wieder deine Botschaft,
mahnend, rufend, flehend:
Friede auf Erden.

Lass Menschen einander zu Engeln werden,
die neue Wege weisen, Wege des Friedens,
sende Friedensstifter.
Wir brauchen sie so nötig.
Gib jedem hilflosen Kind
Menschenarme, die es umfassen,
Nahrung, Obdach, Medizin, Wasser und eine Schule.

Verändere Menschenherzen.
Wie steter Tropfen auf Stein der Ruf der Engel:
Friede,
Friede,
Friede
auf Erden.

Gib uns ab von deinem Licht
für diese Erde, in der die Finsternis oft so groß ist,
dein Licht, das nicht vergeht.

- Schlusslied: Hört der Engel helle Lieder (EG 53, 2 und 3)

- Segen

Gott sende dir einen Engel,
der über dich wacht auf deinem Weg.
Gott sende dir einen Engel,
der, wenn dein Herz verzagt,
dir die gute Botschaft sagt: Fürchte dich nicht!
Gott sende dir einen Engel.
Sein Lied stecke dich an mit Freude.

- Musik zum Ausgang

4. Das Licht scheint in die Finsternis – Gottesdienst am Epiphaniastag

- Musik zum Eingang

- Eingangslied: Jesus ist kommen (EG 66, 1-4. 7)

- Votum *mit Anzünden von drei Kerzen*

Im Namen des Vaters. Er sagte: Es werde Licht. Und es wurde Licht.
Im Namen des Sohnes. Er ist das Licht der Welt.
Im Namen des Heiligen Geistes. Er sendet uns als Licht in die Welt.

- Liturgischer Gruß

- Begrüßung

Viele Christinnen und Christen auf der Erde feiern erst heute Weihnachten. Auch wir lassen uns noch einmal zum Stall nach Bethlehem rufen. Wo der Alltag für viele schon begonnen hat oder jetzt kräftig an die Tür klopft, feiern wir noch einmal ein kleines Weihnachten. Wir sehen den Stern, der auch für uns aufgeht und nehmen Licht mit in unser Leben.

- Psalm 72 (EG Baden 738)

- Eingangsgebet

Gott, gib mir auch einen Stern.
Er muss nicht groß sein.
Ich brauche keinen mit Schweif.
Gib mir meinen eigenen Stern,
der mich durch das Dunkel führt zu dir.

Gott, gib mir ab von dem Licht,
Licht das leuchtet,
Licht das wärmt.
Ein Funke Glaube,
eine Flamme Mut,
das Aufglimmen neuer Zuversicht.

Gib mir einen Stern, Gott,
gib mir ein Licht,
das mit mir geht.

- Kyrie

- Gnadenzusage

Die Finsternis vergeht und das wahre Licht scheint jetzt (1. Joh. 2,8).

- Gloria

- Loblied: Wie schön leuchtet der Morgenstern (EG 70, 1)

- Tagesgebet

Ja, wie schön leuchtet der Morgenstern. Dieses Leuchten und dieses Licht lass bei uns bleiben, wenn unsere Lebensreise weitergeht und wir weiterziehen. Darum bitten wir im Namen Jesu, der das Licht unseres Lebens ist.

- Lesung: Jesaja 60, 1-6

- Lobspruch

Und es werden kommen von Osten und von Westen, von Norden und von Süden, die zu Tisch sitzen werden im Reich Gottes (Lukas 13,29).

- Anderes Glaubensbekenntnis

Gottes Anschrift
Im Stall
Östliches Hirtenfeld
Judäa
Römisches Reich

Seltsame Adresse.
Mit dem Königspalast wollte er nichts zu schaffen haben.
Und dass er heute in einem Büroturm wohnt,
wo sie Normen regeln und Profite berechnen,
ist auch nicht recht vorstellbar.

Dazu sind die Menschen, die er erschuf, wohl auch nicht ausreichend normgerecht.
Mit ihren schwarzen und braunen und weißen Gesichtern,
ihren kurzen und langen Beinen und dem,
was sie können und nicht können
und ihren Eigensinnigkeiten
wollen sie so wenig in ein Schema passen wie er es tut.
Vermutlich wohnt Gott eher in einem Atelier hoch über den Dächern,
wo Luft ist und die Sonne alles durchflutet
und die Vögel zu Besuch kommen.
Gott ist ein Künstler, er malt viel.
Wie sonst könnte der Schnee so viele Schattierungen von Weiß haben
und woher hätten die Fische im Korallenriff die Farbe reifer Orangen?
Wie könnte die Palette der Himmelsfarben von Rosa bis tiefschwarz reichen?
Und auch der köstliche Einfall eines Schneckenhauses ist eines Künstlers würdig.
Ja, Gott ist ein Künstler, das glaube ich.
Auch auf Krankenstationen soll er oft zu Besuch sein.
Und die Trapeznummer kürzlich im Zirkus trug seine Handschrift.
Auch auf Friedhöfen, heißt es, treibt er sich herum.
Er hat abgearbeitete Hände wie eine fürsorgliche Oma und ihre Lachfalten auch.
Da wohnt Gott.
Er ist sich treu geblieben,
dem Anfang im Dunkel, wo wenig Licht hinfällt,
in einem Volk, das unter der Gewalt fremder Kriegsmacht leidet.
Da wohnt Gott,
bei denen im Dunkel.
Noch heute.

- Lied: Ich steh an deiner Krippen hier (EG 37, 1.3. 6-7)

- Predigt zu Matthäus 2, 1-12

Morgen schmücken wir den Weihnachtsbaum ab. Dabei komme ich mir jedes Jahr vor als würde ich einen guten Freund des Hauses verweisen. Die letzten Abende haben wir vor dem Weihnachtsbaum gesessen,

Plätzchen gegessen, haben gespielt und gesungen und uns an seiner Pracht erfreut. Aber jetzt werden allmählich die Kugeln, die Strohsterne und Holzfiguren wieder in ihren Kisten verpackt und in den Kellerregalen verstaut. Ein Seufzer voll Bedauern steigt dann in mir hoch: Jetzt ist Weihnachten vorbei. Die Schule fängt wieder an. Der Alltag kommt wieder. Die Weihnachtslichter verschwinden aus den Fenstern. Wie schön ist es da, dass wir in der Kirche immer noch von der Krippe reden, vom Jesuskind, von Sternen und den klugen Magiern aus dem Osten, die ihren Weg zur Krippe finden.

Und das ist auch ganz richtig so. Die Epiphaniaszeit, benannt nach dem griechischen Wort für „Erscheinung", beginnt erst am 6. Januar. Schon im dritten Jahrhundert haben Christen in Ägypten am 6. Januar die wahre Geburt Christi in seiner Taufe gefeiert. Das Epiphaniasfest ist also älter als das Weihnachtsfest, denn Weihnachten feierte man erst ab dem 4. Jahrhundert. Das Epiphaniasfest breitete sich in den Kirchen des Ostens aus. Dort blieb es die zentrale Weihnachtsfeier. Dies erklärt, warum die orthodoxen Kirchen bis heute Weihnachten am 6. Januar feiern. Wenn wir uns heute noch einmal auf die Weihnachtsgeschichte besinnen, dann tun wir es in ökumenischer Gemeinschaft mit einem großen Teil der Christenheit.

Für uns ist Weihnachten so wichtig, dass die Epiphaniaszeit eher ein Schattendasein führt. Und doch: Wie wichtig und schön ist es, dass es diese Zeit gibt. Das Epiphaniasfest erinnert uns daran: Weihnachten ist nicht nur eine Angelegenheit von drei Tagen in der Familie feiern, die lieben Weihnachtslieder singen, gut essen und liebe Menschen beschenken – obwohl das sehr viel ist. Was Weihnachten ausmacht, begleitet uns auch in das Neue Jahr, bleibt bei uns, wenn der Alltag wieder beginnt. Gerade dann, wenn der Alltag uns wieder umgibt mit seinen Pflichten und Aufgaben, geht sein Licht mit wie ein Stern, der über unserem Weg aufgeht.

Im Mittelpunkt des Epiphaniasfestes steht die Geschichte von Männern, die ihrem Stern gefolgt sind. Die Bibel verliert kein Wort darüber, wie viele es gewesen sind. Wir stellen uns drei vor, das war die Zahl der damals bekannten Erdteile Europa, Asien und Afrika. Von weit her aus allen Winkeln der Erde sind Menschen gekommen, um das Jesuskind zu sehen. Erst im Mittelalter haben die drei ihre Namen bekommen: Kaspar, Melchior und Balthasar. Da im Buch des Propheten Jesaja von Königen die Rede ist, die zum Lichte in Zion ziehen, wurden die Männer als Könige identifiziert. Im Matthäusevangelium werden sie als Magier bezeichnet. Sie folgen dem Stern und nehmen Hindernisse und Umwege in Kauf. Inmitten der Schwierigkeit und den Gefahren des Weges, bei aller Bedrohung und allen Missverständnissen hilft ihnen der Stern den richtigen Weg zu finden.

In der Krippe im Stall sind Fremde von weit her willkommen. Dass die Begegnung mit Fremden bereichernd ist, zeigen die Geschenke, die sie mitbringen. Diese sind so großzügig, dass Maria und Josef schon ein beglücktes „Oooooh" über die Lippen gekommen sein dürfte, gerade so, wie es bei gelungenen und wohlüberlegten Geschenken sein soll. Gold, Weihrauch und Myrrhe stehen für viele Bereicherungen und Gaben, die das christlich geprägte Abendland von fremden Kulturen erhalten hat. Aber was die Reisenden auch mitbringen ist ihre Bereitschaft, Gott anders zu denken und an anderen Orten als den vertrauten zu suchen. Ist das nicht noch für uns Menschen heute inspirierend? Die Männer aus dem Osten zeichnen ein anderes Bild von Begegnung mit fremder Kultur als die Römer das taten. Heute erinnern wir die Römer vor allem als Träger einer großartigen und innovativen Kultur, wir bestaunen noch heute ihre Architektur, die Wassersysteme und Bodenheizungen. Die Menschen in Galiläa und Judäa haben sie in erster Linie als brutale Besatzer kennen gelernt, die sich wenig um die Rechte der einheimischen Bevölkerung scherten. Wie anders ist da die Begegnung mit den Weisen, die der Stern heranführt, eine Begegnung, aus der beide Seiten bereichert und beschenkt hervorgehen.

Was die Magier erlebt und erfahren haben, fasst der Bibelvers, der zum Epiphaniasfest gehört, zusammen mit den Worten: Siehe, die Finsternis vergeht, und das wahre Licht scheint jetzt.

Das Licht ist aufgegangen. Es scheint jetzt. Es findet einen Durchbruch in einem Kind, in Jesus. In seinen Taten und Worten wird ein Licht aufleuchten, das alle Menschen streift, die ihm begegnen. Ein Licht leuchtet auf, das bis zu uns reicht und auch unser Leben erhellt. In diesem Licht schwindet die Angst vor dem Fremden und den Fremden – es zeigt uns, wie viel wir einander zu geben vermögen.

Menschen, die an Depressionen leiden, beschreiben ihren Weg manchmal als einen Weg durch das Dunkel. Was früher Freude gebracht hat, gibt kein Licht mehr ab, als wäre das Licht aufgebraucht. Die Farben werden von Schatten verschluckt. Eine Freundin von mir, die lange Zeit suizidgefährdet war, hat mir einmal das Bild eines Sterns geschenkt. Sie hat dazu geschrieben: Ich habe den Stern heute Nacht gemalt, als ich nicht schlafen konnte. Es ist Nacht. Aber da ist noch ein Stern. Ein Licht, das bleibt.

Die Nacht ist ein schamloser Übertreiber. Sorgen werden riesengroß wie Scheinriesen und Gedanken gehen im Kreis wie Gefangene im Hof. Menschen, die einmal ähnliches erlebt haben, werden verstehen, was der Stern meiner Freundin bedeutet hat: Mitten im Dunkel bleibt ein Licht, das am Leben hält. Vielleicht nicht viel mehr. Dann ist es kein Trost zu wissen, dass viele Menschen in Zeiten ihres Lebens durch Dunkelheit gehen. Aber es kann ein Trost sein, dass Menschen die Erfahrung gemacht haben, dass selbst in ganz undurchdringlicher Nacht noch ein Licht aufleuchten kann, das einen führt.

Jesus wird später von sich sagen: Ich bin das Licht der Welt. Aber er wird diesen Gedanken noch fortführen. Er wird zu seinen Jüngerinnen und Jüngern sagen: Ihr seid das Licht der Welt. Wo ihr seid, wird Licht sein und werden.

Bald schmücken wir den Weihnachtsbaum ab. Aber es kommt nicht alles in die Schachteln. Einen Strohstern hänge ich über die Lampe an meinem Schreibtisch. Der Stern wird mich begleiten, jetzt, wenn die Reise weitergeht. Er wird mich erinnern, dass auch über meinem Weg ein Stern steht. Er wird mich erinnern, dass der Augenstern Gottes, der schöne Morgenstern, mich behütet und begleitet, Jesus Christus, Licht der Sterne und Stern voll Gnad' und Wahrheit von dem Herrn. Vielleicht wird uns der Stern mit der Zeit verblassen. Aber was Weihnachten ist, das wird erst jetzt sichtbar, wenn die Reise weitergeht: wo Menschen einander beistehen, nicht den Stab übereinander brechen, wo Hungernde satt werden und Flüchtlinge offene Türen finden, wo wir wehrhaft bleiben gegen die Gleichgültigkeit. Wie die Männer aus der Ferne werden wir dann das Christuskind finden an Orten, wo wir es nicht vermutet haben. Wenn wir dem Stern unserer Hoffnungen und unserer Sehnsucht folgen, werden wir das Kind finden. Dann wird in unserem Leben ein Licht sein, das niemals mehr verlöscht.

- Fürbitten mit Ruf „Stern über Bethlehem zeig uns den Weg", dem Anfang des Liedes „Stern über Bethlehem" (EG Baden 551)

Guter Gott,
Wir suchen nach Wegen auch im Neuen Jahr,
nach guten Wegen in schwierigen Entscheidungen:
Was soll ich nach der Schule machen?
Soll ich die Arbeitsstelle wechseln, weil ein Gefühl von Unzufriedenheit bleibt?
Wie schaffe ich eine gute Balance zwischen Arbeit und Zeit für Familie, Freunde und für mich selbst?
Wie stecke ich den Eintritt in den Ruhestand weg?
Will ich wirklich heiraten?
Wie gehe ich damit um, dass meine Eltern immer weniger allein zurechtkommen?
Wir suchen nach guten Wegen, Gott, bleibe bei uns und zeige uns deine Wege.

Wir rufen: *Stern über Betlehem, zeig uns den Weg!*

Wir suchen nach guten Wegen, Gott, in unserem Zusammenleben.
Du weißt, mit welchen Menschen wir es schwer haben,
wo Streit ist und gemeinsame Wege auseinandergegangen sind,
wo wir es aufgegeben haben, nach neuen Anfängen zu suchen.
Du kennst die Kinder, die in der Schule zu Außenseitern geworden sind,
wo wir an unseren Arbeitsplätzen einander nicht mehr mit Respekt begegnen oder andere Menschen nur noch als Konkurrenten sehen.
Du siehst Menschen, die in unserer Gesellschaft durch die Maschen fallen.

Wir suchen nach guten Wegen, Gott, bleibe bei uns und zeige uns deine Wege.

Wir rufen: *Stern über Bethlehem, zeig uns den Weg!*

Wir suchen nach guten Wegen, Gott.
Auch am Beginn dieses Jahres sind Menschen auf der Flucht,
in Kriegsgebieten, in denen die Kämpfe immer näher kommen.
Auch jetzt warten Menschen auf medizinische Hilfe, Wasser und Nahrung,
auch jetzt verschwinden Arten von der Erde,
ist der Regenwald wieder kleiner geworden.
Lenke unsere Schritte auf neue Wege,
Wege des Friedens, Wege der Gerechtigkeit.
Wir suchen nach guten Wegen, Gott, bleibe bei uns und zeige uns deine Wege.

Wir rufen: *Stern über Bethlehem, zeig uns den Weg!*

Du bleibst bei uns auf unseren Wegen. Voller Vertrauen beten wir:

- Vater unser…

Nach Fürbitten und Vaterunser wird die erste Strophe des Liedes „Stern über Bethlehem" (EG Baden 551, 1) als Ganze gesungen.

- Besuch der Sternsinger im Gottesdienst und Kollekte für die aktuelle Sternsingeraktion

- Schlusslied: Stern über Bethlehem (EG Baden 551, 2-4)

Während das Lied gesungen wird, werden Strohsterne an die Gottesdienstbesucherinnen und –besucher verteilt.

- Segen

Gott segne dich mit seinem Licht,
dass es aufstrahle in deinem Herzen.
Gott segne dich mit seinem Licht,

dass es deinen Weg erleuchte.
Gott segne dich mit seinem Licht,
dass es die Finsternis vertreibt.

- Musik zum Ausgang

Quellennachweise

Alle Bibelstellen sind entnommen aus: Lutherbibel, revidierter Text 1984, durchgesehene Ausgabe, © 1999 Deutsche Bibelgesellschaft, Stuttgart

Davis Grabow, Text zum 25.12, aus: Kalender „Der Andere Advent" 2014/15. Hamburg: Andere Zeiten e.V., www.anderezeiten.de

Die Weihnachtsgeschichte nach Lk 2,1-14 in leichter Sprache, www.evangelium-in-leichter-sprache.de © Katholisches Bibelwerk e. V. Stuttgart und Akademie Caritas-Pirckheimer-Haus, Nürnberg. 16.04.2015

Monika Lehmann-Etzelmüller, Der Gorilla an der Krippe, aus: Kalender „Der Andere Advent" 2012/13. Hamburg: Andere Zeiten e.V., www.anderezeiten.de, © Monika Lehmann-Etzelmüller

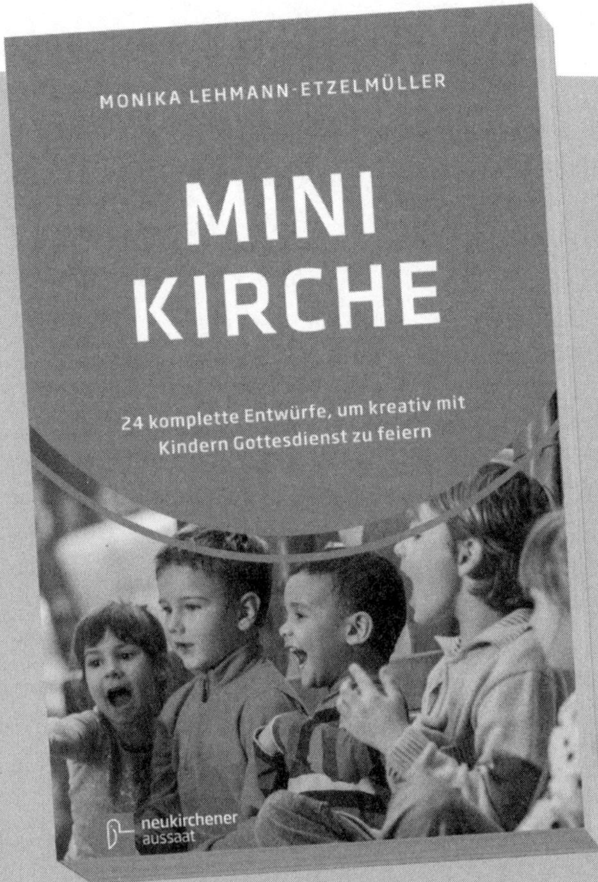
MONIKA LEHMANN-ETZELMÜLLER
MINI KIRCHE
24 komplette Entwürfe, um kreativ mit Kindern Gottesdienst zu feiern
neukirchener aussaat